CHRISTOF DREXEL

WARUM *Meerschweinchen* DAS KLIMA RETTEN

---

*Einfache Strategien
für eine bessere CO₂-Bilanz*

W0045989

INFOGRAFIK UND ILLUSTRATION:
LISA BORGENHEIMER

Inhalt

Vorwort

Von Prof. Dr. Mojib Latif, Klimaforscher

Der Klimawandel in Form der Erderwärmung ist im vollen Gange und der Mensch die Hauptursache. Die globale *Durchschnittstemperatur* des Planeten ist seit Beginn der flächendeckenden Messungen 1880 um etwa ein Grad gestiegen. Die Auswirkungen dieses Temperaturanstiegs sind schon jetzt unübersehbar: Das Eis der Erde schmilzt, die Meeresspiegel steigen und Wetterextreme nehmen zu. Die Wissenschaft ist sich einig: Handelt die Menschheit nicht schnell und umfassend, droht eine Heißzeit, die in Ausmaß und Geschwindigkeit einmalig für die Menschheit und nicht beherrschbar wäre. Zahlreiche Weltregionen würden unbewohnbar werden. Flüchtlingsströme biblischen Ausmaßes wären die Folge mit weitreichenden **Konsequenzen** für die Sicherheitslage auf der Erde. Die Welt würde im Chaos versinken.

Richtigerweise steht das Thema Klimawandel auch schon seit Jahrzehnten auf der Agenda der Weltpolitik. Und dennoch ist es bisher nicht gelungen, den weltweiten Ausstoß der die Erde erwärmenden Treibhausgase, allen voran Kohlendioxid (CO_2), zu stabilisieren, geschweige denn zu verringern. In Paris hat sich die Staatengemeinschaft 2015 darauf verständigt, die Erderwärmung auf deutlich unter zwei Grad gegenüber der vorindustriellen Zeit zu begrenzen, wenn möglich auf 1,5 Grad. Derzeit sind wir von den Zielen des Pariser Klimaabkommens immer noch weit entfernt. Der Gehalt von Treibhausgasen in der Luft steigt unaufhörlich. Wir steuern auf eine Drei-Grad-Welt zu – mit katastrophalen Folgen.

Die Staaten schieben sich die Verantwortung für das Scheitern gegenseitig zu. Jedes Land findet »gute« Gründe, beim Klimaschutz nicht voranzugehen. Die Industrieländer aber besitzen die historische Verantwortung für den Anstieg der atmosphärischen Treibhausgaskonzentrationen. Gase wie zum Beispiel CO_2 bleiben über viele Jahrzehnte bis Jahrhunderte in der Luft. Die Industrieländer stoßen schon seit Beginn der Industrialisierung CO_2 aus. Allein die USA sind etwa für ein Viertel des CO_2 verantwortlich, das sich in der Atmosphäre angesammelt hat. Schon deswegen haben die Industrieländer die Pflicht, ihre Emissionen massiv zu senken. Außerdem ist der westliche Lebensstil nicht auf alle Menschen übertragbar. Ein US-Amerikaner stößt pro Jahr etwa 16 Tonnen CO_2 aus, im deutschsprachigen Raum liegt der jährliche Pro-Kopf-Ausstoß bei etwa zehn Tonnen. In Indien sind es nur knapp zwei Tonnen. Auch in Deutschland kommen wir in Sachen Klimaschutz nicht weiter voran. Die CO_2-Emissionen verharren seit einem Jahrzehnt auf hohem Niveau. Deswegen ist es wichtig, dass sich eine Bürgerbewegung für den Klimaschutz formiert. Die junge Generation hat mit den »Fridays for Future«-Demonstrationen den Anfang gemacht.

Bei der Europawahl 2019 sind diejenigen Parteien abgestraft worden, für die Klimaschutz nur ein Lippenbekenntnis ist. Und mehr und mehr Menschen wollen nachhaltiger leben. Sie wollen ihren CO_2-Fußabdruck verringern. Das vorliegende Buch zeigt, wie individueller Klimaschutz gehen kann. Dabei können wir alle nur gewinnen, vor allem auch an Lebensqualität.

Ausgangslage

Die längste Zeit auf Erden verbrauchte die Menschheit nicht mehr Energie, als gerade verfügbar war – in Form von nachwachsenden Rohstoffen, Sonne, Wind- und Wasserkraft. Erst im Zuge der Industrialisierung hat der Mensch damit begonnen, Kohle, Öl und Gas zu verbrennen. Er entnahm der Erde also Rohstoffe, die über Jahrmillionen entstanden waren – und in dieser Zeit viel Energie gebunden hatten –, und verbrannte sie. Aus diesem Grund nahm der Ausstoß von Kohlendioxid (CO_2) im 19. Jahrhundert langsam und im 20. Jahrhundert sehr schnell zu. Dementsprechend erhöhte sich auch der CO_2-Gehalt in der Atmosphäre von vorindustriell 280 Parts per Million (ppm) auf aktuell etwa 400 ppm (siehe nachfolgende Seite, »Treibhausgas Kohlendioxid CO_2«). Neben CO_2, dem größten Verursacher des Treibhauseffekts, sind auch Methan, Lachgas und andere Gase daran beteiligt. Der Einfachheit halber rechnet man alle Emissionen in den Effekt von CO_2 um, in sogenannte CO_2-Äquivalente. Wir sprechen also immer nur von CO_2, auch wenn eines der anderen Treibhausgase oder alle gemeinsam gemeint sind.

Kohlendioxid ist ein natürlicher Bestandteil in der Atmosphäre, wenn auch in sehr geringer Konzentration. Die Maßeinheit lautet Parts per Million kurz: ppm. Wenn von einer Million Molekülen in der Luft 400 Kohlendioxid-Moleküle sind, spricht man von 400 ppm. Trotz der geringen Konzentration ist der Effekt enorm: Nur jene Moleküle, welche die kurzwellige Strahlung der Sonne passieren lassen, die langwellige Wärmeabstrahlung der Erde aber absorbieren (und in alle Richtungen wieder abgeben), sorgen für den Treibhauseffekt. Und hierfür ist neben einigen anderen Gasen eben hauptsächlich CO_2 verantwortlich – eine Erhöhung von 280 auf 400 ppm verstärkt den Treibhauseffekt also ganz erheblich.

Das Zwei-Grad-Ziel

Wir müssen die Erderwärmung unter allen Umständen unter zwei Grad Celsius halten, denn der Treibhauseffekt ist keinesfalls nur eine wissenschaftliche Theorie, nach der die globale Erwärmung mit einer erhöhten CO_2-Konzentration in der Atmosphäre einhergeht, sondern eine Tatsache. Die globale Erderwärmung wurde durch wissenschaftliche Messungen belegt. Gegenüber der Temperatur um 1900 wurde es durchschnittlich bereits um mehr als ein Grad wärmer. Obwohl sich dieser Temperaturanstieg durch zunehmende Extremwetterereignisse schon bemerkbar macht, sind die Auswirkungen noch vergleichsweise harmlos. Eine Erwärmung um 1,5 bis zwei Grad bringt schon eine deutlich erhöhte Gefahr für bereits jetzt bedrohte Ökosysteme mit sich. Gleichzeitig können sich die extremen Wetterereignisse, etwa in Form von Dürren oder Überschwemmungen, auf ein Ausmaß steigern, das die Bevölkerung mancher Regionen existenziell bedroht. Die

Szenarien mit drei, vier oder fünf Grad Erwärmung werden hoffentlich nie eintreten: Das Abschmelzen der Polkappen, der massive Anstieg der Meeresspiegel, der Kollaps ganzer Ökosysteme, das alles hätte zweifellos absolut verheerende Auswirkungen auf die gesamte Menschheit.

Allerdings rast unsere Zivilisation gerade wie ein Sportwagen mit 200 Sachen auf eine Haarnadelkurve zu – und denkt nicht daran zu bremsen. Die Bedrohung durch den Klimawandel wurde lange Zeit verdrängt. Nun gilt es, sie mit aller Kraft abzuwenden. Aus diesem Grund wurde im Rahmen der UN-Klimakonferenz in Paris 2015 das Zwei-Grad-Ziel völkerrechtlich bindend festgelegt: Die Nationen wollen alle Anstrengungen unternehmen, um die globale Erwärmung unterhalb von zwei, besser noch 1,5 Grad zu halten.

Das ist gut und wichtig. Welch ungeheuer großer Anstrengungen es bedarf, dieses Ziel zu erreichen, ist jedoch erst in wenigen Köpfen verankert. Der jährliche weltweite Treibhausgasausstoß von derzeit rund 50 Milliarden Tonnen muss reduziert werden, und zwar so, dass im Jahr 2040 nur mehr ein Fünftel davon übrig bleibt. Diese Reduktion um 80 Prozent bezieht sich auf den gesamten Planeten. Doch sind – je nach Kontinent und Nation – die Emissionsmengen sehr unterschiedlich: Die Einsparpotenziale in armen Ländern sind viel geringer als in den Industriestaaten Europas, in Nordamerika oder China. Außerdem ist nach wie vor mit einem beachtlichen Wachstum der Weltbevölkerung zu rechnen. Während die Bevölkerung in den Industrieländern bereits kaum mehr zunimmt, gibt es in Entwicklungs- und Schwellenländern noch jährliche Wachstumsraten von bis zu drei Prozent. Die Weltbevölkerung könnte bei rund zehn Milliarden Menschen stagnieren. Das ist aber immerhin noch um ein Drittel mehr als heute.

Die Herausforderung: eine Tonne CO$_2$ pro Person und Jahr

Werden die im Jahr 2040 noch verträglichen Emissionen gerecht aufgeteilt, steht jedem Erdenbürger ein Emissionskontingent von rund einer Tonne CO$_2$-Äquivalent pro Jahr zur Verfügung. Das ist mehr eine Größenordnung als eine Zahl, weil weder die Entwicklung der Weltbevölkerung noch die Folgen der globalen Erwärmung exakt vorhergesagt werden können. In Bezug auf die notwendigen Veränderungen spielt es aber keine Rolle, ob ein Wert von 0,8 oder von 1,4 angestrebt wird: In Deutschland müssten rund 90 Prozent der aktuellen Emissionen eliminiert werden. Das ist anspruchsvoll.

Aber nicht nur die Klimaerwärmung drängt uns zum Handeln. Sie ist zwar ein hinreichender Grund, die notwendigen Veränderungen herbeizuführen, aber

Tonne pro Jahr
Nachfolgend wird der Einfachheit halber immer von »X Tonnen pro Jahr« die Rede sein, wenn » Tonnen CO$_2$-Äquivalent pro Jahr und Person« gemeint sind.

bei Weitem nicht der einzige. Denken wir an die Begrenztheit der fossilen Brennstoffe: Es ist eine Frage der Zeit, dass Kohle, Öl und Gas aufgebraucht sind. Je knapper die Reserven, umso größer die Gefahr von globalen Konfliktherden. Und auch die Risiken der Atomkraft wären Grund genug, das Energiesystem auf erneuerbar umzustellen. Diese Haarnadelkurve nicht zu kratzen, kann also keine Option sein.

Wenn ein Patient von seinem Arzt eine vergleichbare Diagnose erhielte und gleichzeitig eine Empfehlung, wie er seinem Schicksal entgehen könnte, würde er wohl kaum zögern zu handeln. Fast ebenso leicht fiele das Handeln, wenn es die eigene Familie, insbesondere Kinder und Enkel, beträfe. Vielleicht würde es auch eine größere Gruppe von Menschen, etwa die Mitarbeiter eines kleineren Unternehmens oder die Einwohner einer kleinen Gemeinde, noch schaffen, die erforderlichen Beschlüsse zu fassen und umzusetzen. Unter den Einwohnern einer Großstadt oder den Bürgern eines Staates wird es schon viel schwieriger, einen Konsens zu finden – und das gilt in noch höherem Maße, wenn es um die gesamte Menschheit geht.

Nachhaltige Veränderung passiert von unten nach oben

Beschlüsse zu fassen ist vielleicht der falsche Ansatz. Große Veränderungen werden nicht verhandelt und beschlossen, sie können auch nicht vorgeschrieben werden. Beschlüsse können allenfalls gesellschaftlichen Veränderungen folgen und sie sichtbar machen. Aber weder Vertreter der Politik noch der Wirtschaft haben die Macht (und aufgrund entgegengesetzter Einzelinteressen oft auch nicht den Willen), Veränderungen im erforderlichen Maß herbeizuführen. Gesellschaftlicher Wandel passiert durch Verhaltensänderungen vieler einzelner Menschen. Politisch wird in der Regel nur das umgesetzt, was von – zumindest einem relevanten Teil – der Bevölkerung gefordert oder begrüßt wird. Für jeden Einzelnen müssen im Wesentlichen zwei Voraussetzungen erfüllt sein, um Teil der Veränderung zu werden.

▶ Erstens: Die Faktenlage muss als reale Bedrohung zur Kenntnis genommen werden. Das ist insofern eine intel-

lektuelle Herausforderung, als wir Menschen den Klimawandel nicht mit unseren Sinnen wahrnehmen können –
wir spüren die Gefahr nicht.

▸ Zweitens: Lösungswege müssen erkennbar und akzeptabel (oder sogar reizvoll) sein. Ist Letzteres nicht der Fall,
entscheiden sich die meisten Menschen dafür, die Bedrohung zu verdrängen und zu verleugnen.

An gangbaren Lösungswegen, wie dieser historisch einma-
lige Umbau von Gesellschaft und Wirtschaftssystem ablaufen
könnte, mangelt es noch. Entwürfe, wie es sein sollte, ja; aber
konkrete Wege? Rein technische Ansätze auf Basis desselben
Systems, in dem Wirtschaftswachstum über allem steht, werden nicht ausreichen. *Green Growth* ja – das heißt grüne Technologien dürfen und müssen wachsen. Allerdings wird der aktuelle und weiter steigende Bedarf an Energie und Ressourcen
nur durch erneuerbare Energien und Recyclingbemühungen
nicht gedeckt werden können – bei Weitem nicht. Ohne Diskussion unseres (westlichen) Lebensstils wird es nicht gehen.
Doch besteht unsere Bevölkerung mittlerweile größtenteils
aus Menschen, die gar kein anderes Leben kennen als dieses
CO_2-intensive. Es ist normal. Deswegen finden Entwürfe, die
auf das Verhalten des Einzelnen abzielen, kaum Anhänger.

Das ist zunächst auch nachvollziehbar: Eine Tonne CO_2 pro
Person wurde von der Menschheit emittiert, als die Großeltern
eines heute 80-Jährigen Kinder waren – also noch vor 1900.
Verständlich, dass niemand dorthin zurückwill. Denkbar sind
allenfalls moderate Anpassungen; Veränderungen, die nicht
Verzicht, sondern Gewinn als Überschrift tragen.

Wie sehr die CO_2-Emission durch den Lebensstil beeinflusst werden kann, wird meist stark unterschätzt. Online verfügbare CO_2-Rechner zeigen das sehr anschaulich: Unser Verhalten bietet den deutlich größeren Hebel als die verwendeten Produkte und Technologien. Der Umweltökonom Niko Paech prägte den provokanten Satz: »Es gibt keine nachhaltigen Produkte, es gibt nur nachhaltige Lebensstile.«

Wobei auch Produkte durchaus einen Beitrag leisten können: Eine 90-prozentige Reduktion der Emissionen alleine durch eine Anpassung des Lebensstils ist unrealistisch; wir dürfen und müssen die vielen technologischen Fortschritte unserer Zeit nutzen. Nur dann wird ein durchaus genussvoller Lebensstandard erkennbar, der eine Vielzahl von angenehmen Nebenerscheinungen bietet, angefangen von besserer Gesundheit bis hin zu mehr Zeit und vielleicht sogar auch mehr Sinn. Die technischen Strategien – neben der Umstellung auf erneuerbare Energien auch die Ausschöpfung der Effizienzpotenziale – stellen also keine Konkurrenz für gesellschaftliche Reformen dar, die Chance liegt in der Kombination!

Drei Strategien für ein besseres Klima

Mit **erneuerbaren Energien, Effizienz** und **Lebensstilveränderungen** stehen uns drei Strategien zur Verfügung, von denen grundsätzlich jede für sich das Potenzial in sich birgt, das Zwei-Grad-Ziel zumindest annähernd zu erreichen. Doch wird es umso schwieriger, herausfordernder, akzeptanzärmer, je mehr eine der Strategien allein zur Zielerreichung beitragen soll. Anstrengungen und Investitionen, Umsetzungszeiträume, aber auch Widerstände gegen gesellschaftliche Veränderungen steigen mit wachsendem Anteil einer Strategie exponentiell an.

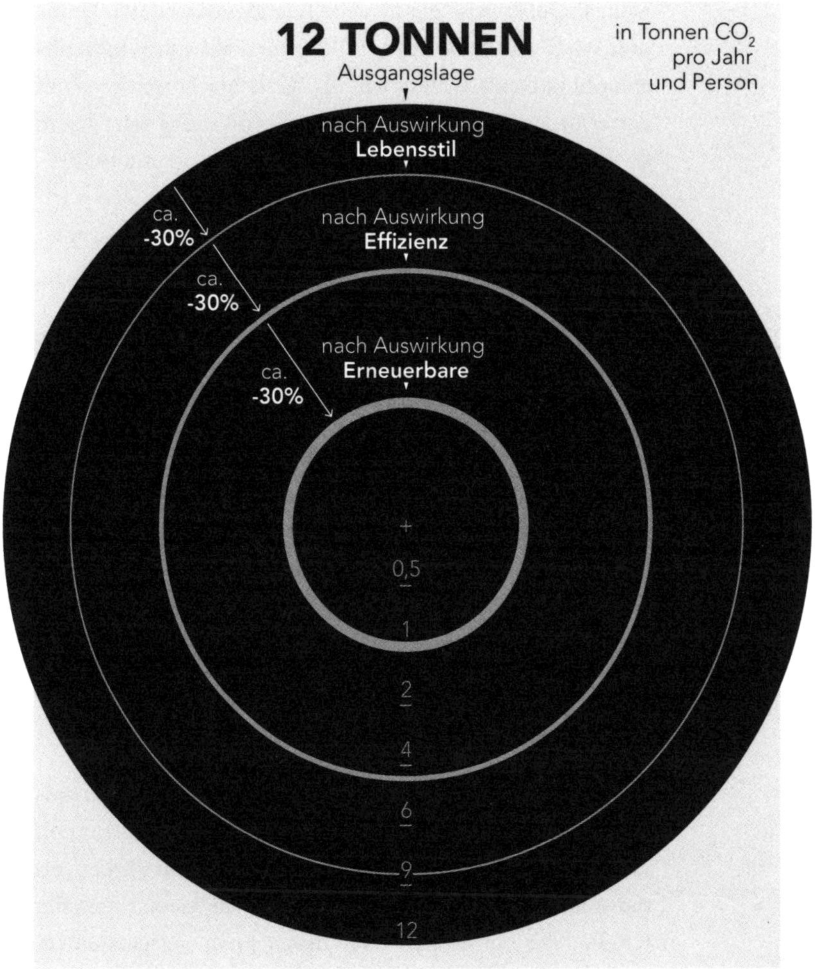

12 TONNEN
Ausgangslage

in Tonnen CO_2
pro Jahr
und Person

nach Auswirkung
Lebensstil

ca.
-30%

nach Auswirkung
Effizienz

ca.
-30%

nach Auswirkung
Erneuerbare

ca.
-30%

+

0,5

1

2

4

6

9

12

Sollte beispielsweise der aktuelle Energiebedarf durch Sonne und Wind gedeckt werden, müsste die Zahl von Windkraftanlagen in Deutschland mehr als verzehnfacht werden – mit der erforderlichen Akzeptanz der Bevölkerung wäre kaum zu rechnen. Und betrachtet man eine Reihe von unterschiedlichen Effizienzmaßnahmen, so wird schnell klar, dass wirtschaftlichere und weniger wirtschaftliche Potenziale darunter zu finden sind.

Die wirtschaftlichen Potenziale werden zuerst ausgeschöpft; die ersten zehn Prozent der Emissionen können verhältnismäßig leicht reduziert werden. Sollen mithilfe von Effizienzmaßnahmen aber 30, 50 oder gar 80 Prozent eingespart werden, müssen zunehmend auch weniger wirtschaftliche Potenziale gehoben werden: Beispielsweise müssten auch denkmalgeschützte Gebäude thermisch hochwertig saniert werden, was mit viel mehr Aufwand verbunden ist als bei anderen Gebäuden. Die letzten zehn Prozent wären so aufwendig umzusetzen, dass es die volkswirtschaftlichen Möglichkeiten sprengen würde.

Ebenso verhält es sich mit dem Lebensstil. Moderate Anpassungen, die mit Genuss und besserer Gesundheit verknüpft sind, haben viel größere Chancen, umgesetzt zu werden, als radikale Einschränkungen, die erforderlich wären, wenn der Großteil der Emissionen allein durch einen angepassten Lebensstil reduziert werden müsste.

Es liegt daher nahe, die Strategien zu kombinieren – anstelle von einer Strategie, mit der die gesamte Reduktion erreicht werden muss, steuern drei Strategien jeweils rund ein Drittel bei. Das erfordert in Summe nicht nur einen Bruchteil der Ressourcen, sondern kann auch viel schneller umgesetzt werden, weil alle Strategien parallel vorangetrieben werden können. Nur so wird es möglich sein, die erforderlichen Veränderungen auch rechtzeitig umzusetzen.

Genießen wir doch das Leben so, dass dies auch kommenden Generationen noch beschieden ist: verwöhnt von der Kraft der Sonne, unterstützt von den technischen Errungenschaften und darüber hinaus auch befreit vom ständigen Mehr.

Dieses Buch zeigt auf, welchen Beitrag jeder Einzelne von uns durch einen nachhaltigen Lebensstil leisten kann – und wie wir gerade durch Verhaltensänderungen, die CO_2 einsparen, mehr Lebensqualität erreichen. Die Strategie der technischen Effizienz spielt bei vielen privaten Entscheidungen ebenfalls eine Rolle – man denke an die Elektromobilität oder das Heizen in einem energieeffizienten Gebäude. Aber auch im Wirtschaftsleben, insbesondere in der Industrie, schlummern große Effizienzpotenziale, die gehoben werden müssen. Die Hintergrundinformationen in diesem Buch bieten einen Einblick in diese Möglichkeiten, ebenso in die Welt der erneuerbaren Energien. Letztere Strategie ist wiederum eine weitgehend politische Aufgabenstellung: Das Eliminieren fossiler Brennstoffe, der Umbau des Energiesystems, insbesondere der Stromversorgung, die ausschließlich erneuerbar funktioniert, das alles kann nur politisch gesteuert werden.

Die Kombination macht's

Wer seine persönliche CO_2-Bilanz ermittelt, wird feststellen, dass die Zielsetzung der *einen Tonne* unerreichbar ist. Alleine die öffentlichen Emissionen, die auf alle BürgerInnen aufgeteilt werden, nehmen je nach Rechenweise eine Größe von ein bis zwei Tonnen pro Jahr ein. Deswegen ist es so wichtig, die drei Strategien – Erneuerbare, Effizienz und Lebensstil – zu kombinieren. Doch nur der Lebensstil kann zur Gänze vom Einzelnen beeinflusst werden. Wenn wir unseren Beitrag leisten, dürfen und müssen wir uns darauf verlassen, dass auch die anderen Player ihre Hausaufgaben machen. Warum auch nicht: Mittelfristig ist es nur wirtschaftlich, in die erforderlichen Effizienzsteigerungen zu investieren und auf erneuerbare Energien umzustellen. Die Aufgabe mündiger BürgerInnen kann nur darin bestehen, die erforderlichen Maßnahmen einzufordern, Druck auszuüben.

Von zwölf auf eine Tonne reduzieren

Um die mögliche Einflussnahme des Lebensstils zu erkennen, müssen einige Quantifizierungen erfolgen. Als Ausgangspunkt dient die Größenordnung von zwölf Tonnen pro Person und Jahr. Dieser Wert liegt etwas über dem europäischen Durchschnitt, ist aber für den mitteleuropäischen Lebensstil repräsentativ. In Deutschland liegen die offiziellen Emissionswerte pro Person zwischen zehn und zwölf, in Österreich knapp unter zehn, in der Schweiz sogar nur bei rund sechs Tonnen pro Jahr.

Das sind allerdings nur jene Emissionen, die im jeweiligen Land entstehen. Importe von Waren und Lebensmitteln, die Emissionen in anderen Ländern verursachen, sind nicht berücksichtigt. Auch Exporte werden nicht abgezogen. Für die Schweiz liegt hierfür sehr gutes Zahlenmaterial vor: Nach Berücksichtigung der Emissionshandelsbilanz muss der Wert für die Schweiz auf fast 14 Tonnen pro Jahr korrigiert werden. Doch ganz egal, ob der Durchschnittswert der CO_2-Emissionen pro Kopf bei zehn, zwölf oder 14 Tonnen liegt: Das Klima kann stabilisiert werden, wenn die Emissionen so schnell wie möglich auf eine Tonne pro Jahr reduziert werden.

Wie viel der Einzelne beitragen kann: Minus vier Tonnen pro Jahr

In diesen zwölf Tonnen CO_2-Emission, die jeder Einzelne von uns im Schnitt pro Jahr verursacht, sind also auch knapp zwei Tonnen enthalten, die privat nicht beeinflusst werden können (Politik, Verwaltung, Finanzwesen, Versicherungen, Bildungs- und Gesundheitswesen und so weiter). Diese öffentlichen Emissionen können und müssen mithilfe der Effizienz- und Erneuerbaren-Strategie um über 90 Prozent reduziert werden. Damit die privaten Verhaltensänderungen für etwa ein Drittel der gesamten Einsparungen – knapp vier Tonnen – sorgen, ist also eine Reduktion von zehn auf sechs Tonnen pro Jahr erforderlich.

Diese Reduktion bietet neben einer vielfältigen Palette an Lebensweisen vor allem die Möglichkeit der Entschlackung: Belastendes weglassen, sich auf das Wesentliche konzentrieren, Sinn findenfinden. Der Raum für individuelle Interessen und persönliche Vorlieben wird dabei sogar noch größer. Denn die meisten der CO_2-minimierenden Veränderungen werden von positiven Auswirkungen begleitet. Anders formuliert: Vieles, was guttut, senkt auch die CO_2-Emissionen.

In diesem Buch werden Sie zahlreiche Anregungen und Beispiele dafür finden.

Der Hauptteil ist in **sieben Kapitel** unterteilt, die jeweils mit einer Übersichtsseite beginnen.

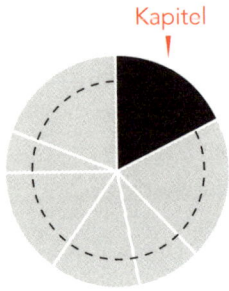

Kapitel

TONNEN

Neben der ersten Weltkugel finden Sie die Information, wie viele Treibhausgasemissionen für diesen Lebensbereich im Durchschnitt anfallen – angegeben in Tonnen CO_2 pro Person und Jahr. Die strichlierte Linie zeigt das Ziel für einen klimaverträglichen Lebensstil. Erreicht man diese Linie – im Durchschnitt aller Bereiche –, trägt man wesentlich zur Lösung des Klimaproblems bei.

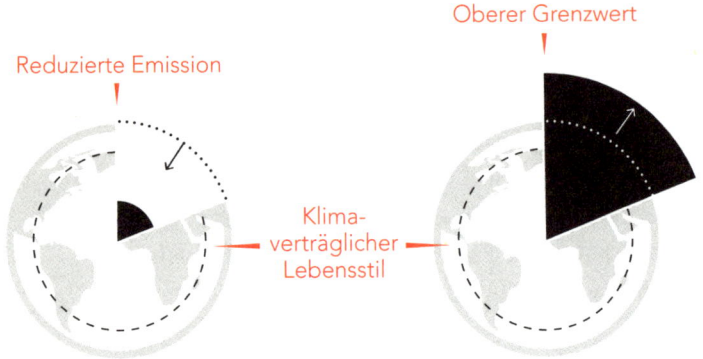

Oberer Grenzwert

Reduzierte Emission

Klimaverträglicher Lebensstil

Links sehen Sie, wie weit man die Emissionen reduzieren kann, rechts ist ein oberer Grenzwert abgebildet. **Die Emissionen der meisten Menschen in Mitteleuropa liegen innerhalb dieser Grenzen.** Nur in extremen Fällen werden auch diese Werte über- oder auch unterschritten.

Bei allen angegebenen Zahlen handelt es sich immer um Größenordnungen, nie um exakte Werte. Viel zu groß ist die Unschärfe der vorhandenen Daten, zu vielfältig sind die Randbedingungen der zugrunde gelegten Produktions- und Transportprozesse.

Am Ende jedes Kapitels erfahren wir von **Anna, Bernhard** und **Christina,** wie es um ihre Emissionen in diesem Bereich steht. Die drei stehen für durchaus unterschiedliche Lebensentwürfe und damit auch für unterschiedliche CO_2-Profile. Sie zeigen jeweils exemplarisch, wie viel und manchmal auch wie leicht im täglichen Leben Emissionen reduziert werden können und welcher persönliche Gewinn damit manchmal verbunden ist. Man sieht aber auch: Es ist nicht erforderlich, sich in allen Bereichen einer Radikalkur zu unterziehen.

ANNA

Anna ist 32 Jahre alt und lebt in der Großstadt. Sie wohnt alleine in einer 60 m² großen Singlewohnung. Sie hat einen guten Job, lebt aber durchaus kostenbewusst. Sie verbringt gerne Zeit in der freien Natur und interessiert sich für kulturelle und politische Themen.

BERNHARD

Bernhard ist 52, verheiratet und Vater von zwei Kindern. Er lebt in einem kleinen Ort auf dem Land in einem Einfamilienhaus und arbeitet in der nahe gelegenen Stadt. Er legt viel Wert auf eine gesunde Lebensweise. Außerdem ist er ein Energiefreak.

CHRISTINA

Christina ist 43 und lebt mit ihrem Partner zusammen in einer Kleinstadt. Sie sind kinderlos, haben beide eine interessante Arbeit und sind finanziell dementsprechend gut ausgestattet. Qualität und Stil haben einen hohen Stellenwert.

Veränderte Verhaltensweisen haben oft mehrere unterschiedliche Auswirkungen. **Was dem Klima guttut, kann sich auch auf persönlicher Ebene positiv bemerkbar machen.** Die nachfolgenden Symbole finden sich bei den Beschreibungen von Anna, Bernhard und Christina und geben einen Hinweis darauf, welche angenehmen Begleiterscheinungen klimafreundliches Verhalten mit sich bringen kann.

Gesundheit
In fast allen Lebensbereichen geht eine geringere CO_2-Emission mit höherer Gesundheit einher – bei der Ernährung, in der Mobilität, sogar beim ressourcenschonenden Bauen gibt es einen Gesundheitsaspekt.

Genuss/Wohlbefinden
Bewusstes Genießen, sich wohlfühlen, das ist keine Frage der konsumierten Energie. *Weniger ist mehr* gilt hier ganz besonders.

Gesellschaft/Soziales
Gegen die Isolation: Ob beim Carsharing, dem gemeinschaftlichen Bauen oder beim Couchsurfing – mehr Gemeinschaft führt in vielen Fällen zu weniger Ressourcenverbrauch.

Ersparnis
Energieverbrauch ist immer mit Kosten verbunden, klar. Wer weniger verbraucht, zahlt weniger. Aber auch Investitionen in geringeren Verbrauch lohnen sich mittlerweile in kurzer Zeit. Klimaschutz wirkt sich langfristig auch für den Einzelnen finanziell positiv aus!

Entlastung/Befreiung
Der vielleicht interessanteste Punkt: Wie befreiend kann es sein, zu entdecken, was man alles nicht braucht …

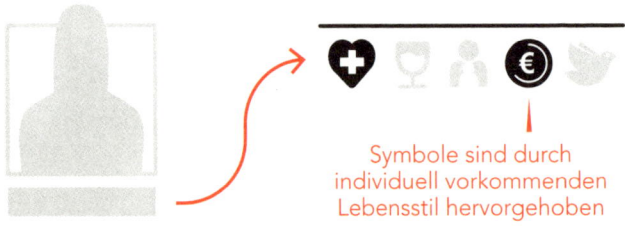

Symbole sind durch individuell vorkommenden Lebensstil hervorgehoben

Für viele Teilbereiche finden Sie einige **beispielhafte Verhaltens-möglichkeiten** in Form von Emissionstabellen wie nachfolgend dargestellt:

in Tonnen pro Jahr

Durchschnitt +|−

WERT

Ungünstiger + Günstiger −

WERT WERT

Diese Box ist jeweils in der entsprechenden Kapitelfarbe

Durchschnitt
+|− Derzeitige durchschnittliche Emission, in Tonnen CO_2 pro Kopf und Jahr, sowie ein beispielhaftes Verhalten oder eine beispielhafte Situation, die zu dieser Emission führt. Diese Box ist immer grau hinterlegt.

Ungünstiger (höhere Emission)
+ Das Plus steht für mehr Emission – geringfügig über dem Durchschnitt oder auch um ein Vielfaches höher. Die Box ist weiß.

Günstiger (geringere Emission)
− Das Minus steht für weniger Emission – in manchen Fällen auch null. Die Box ist in der jeweiligen Kapitelfarbe gestaltet.

Zusammenfassung

- Der rasant gestiegene CO_2-Ausstoß hängt direkt mit der Industrialisierung, unserem enorm gewachsenen Energieverbrauch und dem globalen Bevölkerungswachstum zusammen.

- Die erhöhte CO_2-Emission führt zum Treibhauseffekt und damit zur Klimaerwärmung.

- Das 2015 auf der UN-Klimakonferenz in Paris beschlossene Zwei-Grad-Ziel muss unbedingt eingehalten werden. Dazu muss der jährliche, weltweite Ausstoß von Treibhausgasen bis 2040 von derzeit 50 Milliarden Tonnen CO_2-Äquivalent auf zehn Milliarden Tonnen reduziert werden.

- Um 2040 werden etwa zehn Milliarden Menschen auf der Welt leben. Jedem einzelnen stünde dann also rund eine Tonne CO_2-Äquivalent zur Verfügung – im Augenblick verursacht ein Bundesbürger durchschnittlich etwa zwölf Tonnen im Jahr.

- Unser aktueller und künftiger Energiebedarf kann durch erneuerbare Energien alleine nicht gedeckt werden. Deshalb müssen wir unseren CO_2-intensiven Lebensstil anpassen. Nachhaltigeres Verhalten bedeutet dabei nicht nur Verzicht, es kann sogar mehr Lebensqualität beinhalten.

- Nachhaltige gesellschaftliche Veränderungen können nicht von oben verordnet werden, sondern gehen von der Mitte der Gesellschaft – vom Einzelnen aus.

- Durch die Kombination der drei Strategien – erneuerbare Energien, Ausschöpfung der Effizienzpotenziale (durch technischen Fortschritt) und Lebensstilveränderungen – kann das Zwei-Grad-Ziel erreicht werden.

Ernährung

Reduktionsziel
durch Lebensstil

1,8 TONNEN

Die Ernährung ist eine unterschätzte Verursacherin unseres CO_2-Fußabdrucks. Von den 12 Tonnen pro Jahr gehen rund **1,8 auf ihr Konto.**

Die Möglichkeiten der Einsparung sind vielfältig – über **75 % Reduktion** sind möglich.

Hingegen kann der übermäßige Konsum von Fleisch und Milchprodukten den Ausstoß noch **deutlich erhöhen.**

Fleisch als Lebensmittel ist rein energetisch betrachtet sehr ineffizient: Für eine Kalorie Fleisch müssen zunächst etwa zehn Kalorien in Form von pflanzlichem Futter wachsen. Mit anderen Worten: Jene Ackerfläche, die das Futter für den Fleischkonsum eines Menschen liefert, könnte auch Getreide für zehn Menschen liefern.

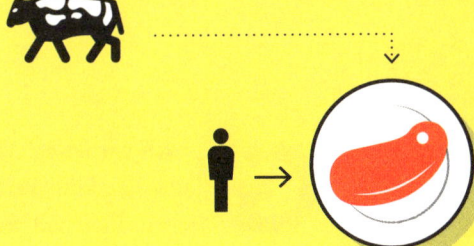

Die zehn Einheiten des Getreideackers symbolisieren den Flächenbedarf, der für die Fütterung der Tiere benötigt wird. Das Fleisch deckt den Kalorienbedarf einer einzelnen Person.

Der Kalorienbedarf derselben Person kann mit nur einer Einheit dieses Getreideackers gedeckt werden, wenn das Getreide direkt genutzt wird.

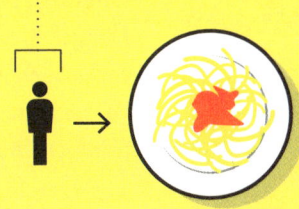

Ernährung

Gleich vorneweg: Man muss kein Vegetarier sein, um eine klimaverträgliche CO_2-Bilanz zu erreichen. Es ist hilfreich, geht aber auch mit maßvollem oder durchschnittlichem Fleischkonsum. Vegetarier per se als Weltretter darzustellen, ist zu kurz gegriffen: Wie so oft führt eine Maßnahme alleine, auch wenn sie noch so radikal umgesetzt wird, nicht zum Erfolg. Würde sich ab morgen die gesamte Menschheit fleischlos ernähren, wären die CO_2-Emissionen vielleicht um fünf Prozent geringer. Das ist beträchtlich, aber dennoch vollkommen unzureichend. Lieber auf Radikalität verzichten und dafür eine Vielzahl von sinn- und lustvollen Veränderungen vornehmen. Die Palette an Möglichkeiten ist breit gefächert!

Maßgeblich für die hohe CO_2-Intensität des Fleischkonsums sind zum einen die riesigen Mengen an Getreide für die Tierfütterung, die meist mit großem Einsatz an mineralischem Dünger einhergehen. Zum anderen schlagen die Methangasemissionen der wiederkäuenden Rinder ordentlich zu Buche. Die nebenstehende Grafik zeigt den Konsum des mitteleuropäischen Durchschnitts sowie einige beispielhafte Varianten.

CO$_2$-Emission durch Fleischkonsum in Tonnen pro Jahr

Durchschnittlich pro Woche	Etwa 4 Portionen Fleisch à 150 g, hauptsächlich Schwein, Geflügel und Rind; zusätzlich etwa 100 g Schinken und Wurst pro Tag	**0,5**

Hoch +	**Niedrig** −
Täglich 150 g Fleisch, erhöhter Anteil an Rindfleisch, weitere 100 g Schinken und Wurst	Einmal pro Woche Fleisch oder Fisch (jeweils 150 g), dreimal die Woche 50 g Schinken oder Wurst
0,8	**0,1**

Vegetarisch	Vollständiger Verzicht auf Fleisch-produkte, Fisch und Meeresfrüchte	− **0,0**

Wer etwa die Empfehlungen der WHO für eine gesunde Ernährung umsetzt, senkt die Emissionen bereits um 80 Prozent. Fleisch als Lebensmittel ist rein energetisch betrachtet sehr ineffizient: Für eine Kalorie Fleisch müssen zunächst etwa zehn Kalorien in Form von pflanzlichem Futter wachsen. Mit anderen Worten: Jene Ackerfläche, die das Futter für den Fleischkonsum eines Menschen liefert, könnte auch Getreide für zehn Menschen liefern. Das ist ein ethischer Aspekt. Ein anderer, der nicht unterschlagen werden darf, ist die Massentierhaltung. Durchschnittlich wurden für jeden deutschen Bürger am Ende seines Lebens über 1000 Tiere getötet. Fast 90 Prozent davon waren Hühner, die meist aus riesigen Hühnerfarmen stammen. Ein Leben führen diese Wesen dort nicht wirklich. Darüber hinaus ist die Massentierhaltung für ökologische Schäden vor Ort und für gesundheitliche Risikofaktoren verantwortlich. Für einen bewussteren Fleischkonsum sprechen also viele Gründe.

CO_2-Emission durch Konsum von Milchprodukten

in Tonnen pro Jahr

| **Durchschnittlich** pro Woche | Etwa 300 g gereifter Hart- oder Weichkäse, weitere 200 g Frischkäse; 100 g Butter, 1 bis 1,5 Liter Milch, 400 g Joghurt, 150 g Rahmprodukte (Sahne, Sauerrahm, Crème fraîche) | **+ \| −** **0,50** |

Hoch **+**	**Niedrig** **−**
Durchschnittsverbrauch (siehe oben) von Milchprodukten plus 50 Prozent	Milchprodukte mit hohem Fettanteil (Käse, Butter, Rahm) stark reduziert; Milch und Joghurt gegenüber Durchschnitt unverändert
0,75	**0,20**

| **Vegan** | Vollständiger Verzicht auf Milchprodukte | **−** **0,00** |

Milchprodukte

Kaum bekannt ist, dass auch Milchprodukte Emissionen im Gepäck haben. Im Mittel sind etwa 0,5 Tonnen pro Jahr zu veranschlagen, also ein weiteres Drittel. Im durchschnittlichen Ernährungsmix sind besonders Butter, Hartkäse und Milch dafür verantwortlich. Auch hier gilt: Wer vegan leben will, findet einen kräftigen Hebel, um seine CO_2-Bilanz zu verbessern, es bleibt aber eine von vielen Möglichkeiten. Interessant ist, dass der hohe Käsekonsum eine Erscheinung der neueren Zeit ist: Während die Generation unserer Großeltern mit etwa vier Kilogramm Käse pro Kopf und Jahr auskam, liegt unser Konsum bei über 20. Klimaschutz und Gesundheit gehen auch hier Hand in Hand, zumindest bei den fettreichen Milchprodukten wie Butter, Käse und Sahne.

Die CO_2-Emissionen der anderen Nahrungsmittel sind vergleichsweise gering: Rund 0,1 Tonnen pro Jahr entfallen auf Getreideprodukte, weitere 0,1 auf Obst und Gemüse. 0,2 Tonnen pro Jahr verteilen sich auf den gesamten Rest.

Getränke

Den nächsten größeren Block stellen die Getränke dar. Durchschnittlich sind hierfür immerhin knapp 0,4 Tonnen pro Jahr zu verbuchen: Gut 0,1 davon entfallen auf Kaffee. Ebenfalls etwa 0,1 Tonnen pro Jahr stammen von alkoholischen Getränken. Der Rest entfällt auf Tee, Säfte, Mineralwasser und funktionelle Getränke wie Sportgetränke und Energydrinks. Nennenswerte Reduktionen sind möglich. Es ist aber gerade im Bereich der Genussmittel der Vorliebe und Lust des Einzelnen überlassen, die Prioritäten zu setzen.

Unseren Reichtum in Bezug auf das Trinkwasser darf man sich aber vor Augen halten: In vielen Ländern Europas finden wir die luxuriöse Situation vor, Wasser einfach aus dem Hahn trinken zu können, praktisch kostenlos und ohne Verpackung. In Flaschen abgefülltes stilles Mineralwasser bietet fast keinen Mehrwert – diese Emission lässt sich somit am einfachsten eliminieren.

Aber nicht nur beim Wasser, auch bei anderen Getränken spielt die Verpackung eine gewisse Rolle. Am schlechtesten schneiden Weißblech- und Aluminiumdosen ab, gefolgt von Einweg-Glas- und Einweg-PET-Flaschen. Je kleiner das Gebinde, umso ungünstiger. Die beste Bilanz weisen große Mehrweg-Glasflaschen auf. Durch bewusstes Einkaufen lassen sich hier 0,05 bis 0,1 Tonnen pro Jahr vermeiden.

CO$_2$-Emissionen durch Ernährung

in Tonnen pro Jahr

0,5 Fleisch

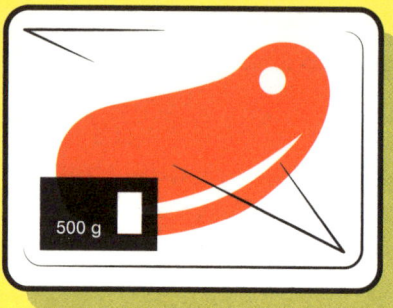

500 g

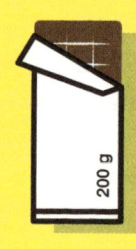

200 g

0,5
Milchprodukte

500g

0,1 Alkoholika

0,1 Kaffee

0,1
Getreideprodukte

0,1
Obst & Gemüse

1 l

500 g

Weniger Fleisch – bio, regional und saisonal

Wenn tierische Produkte ganz oder teilweise ersetzt werden, wird der Konsum von Getreide, Obst und Gemüse natürlich steigen. Doch auch hier gibt es noch großes Einsparpotenzial, zugleich werden der Genuss gesteigert und die Gesundheit gefördert. Deshalb braucht man beim Ziel, eine Tonne einzusparen, auch nicht zwingend vegan zu leben: Die Prinzipien saisonal, regional und biologisch können helfen, den Klima-Fußabdruck noch mal um die Hälfte zu reduzieren!

Saisonal, weil Obst und Gemüse außerhalb der natürlichen Saison entweder sehr energieintensiv in Glashäusern wächst oder über große Entfernungen transportiert wurde. Aber ist es nicht auch schön, sich im April auf den ersten Spargel zu freuen? Oder auf die ersten Erdbeeren, die den Sommer einläuten; Tomaten, Auberginen und Zucchini im Hochsommer; Kürbis im Herbst; und im Winter die große Palette an lagerfähigem Obst und Gemüse. Umgekehrt: Kann man im Februar lustvoll in eine frische Pflaume beißen? Sauerkraut im Juli? Je frischer, je passender zur Jahreszeit, umso größer der Genuss. Wer auf Tomaten aus dem beheizten Glashaus verzichtet und stattdessen auf Saisonalität setzt, reduziert seine ernährungsbedingte Emission um bis zu zehn Prozent.

Regional, weil kurze Transportwege für niedrigen Schadstoffausstoß sorgen. Ganz besonders Lebensmittel aus Übersee, die aufgrund ihrer Verderblichkeit eingeflogen werden müssen, verursachen beim Transport ein Vielfaches der Emissionen ihrer Produktion: Wenn schon Rindfleisch, dann also besser vom Biobauern in der Nähe und nicht aus Argentinien. Üblicherweise ist das Herkunftsland jedes Lebensmittels be-

Jährliche CO$_2$-Emission für den Transport
von 1 Kilogramm Lebensmittel pro Woche

20 kg
für das Schiff
aus Südamerika

700 kg
für das Flugzeug
aus Südamerika

4 kg
für den Lkw
aus Spanien

kannt und publiziert. Es ist schon viel erreicht, wenn man darauf achtet und prüft, ob es regionale Alternativen gibt. Kurze Transportwege wirken sich in der Regel auch positiv auf die Güte des Nahrungsmittels aus. Auf Bananen oder Kaffee aus Südamerika muss dennoch nicht verzichtet werden, schon gar nicht auf Zitronen aus Spanien: Der wöchentliche Konsum von einem Kilogramm Lebensmittel aus Südeuropa verursacht beim Transport vollkommen vernachlässigbare CO$_2$-Emissionen von vier Kilogramm (0,004 Tonnen) pro Jahr. Dieselbe Menge Lebensmittel aus Südamerika, mit dem Schiff transportiert, fällt mit 0,02 Tonnen pro Jahr ebenfalls nicht ins Gewicht. Per Luftfracht transportiert, verschlechtert sich dagegen die CO$_2$-Bilanz um 0,7 Tonnen pro Jahr, also eklatant! Auf verderbliche Ware wie Fisch, Fleisch und einige exotische Früchte aus Übersee zu verzichten, hilft also ganz enorm. In Summe kann die Emission mit dem konsequenten Einkauf von regionalen Lebensmitteln um 10 bis 15 Prozent gesenkt werden.

Auch die **biologische Landwirtschaft** trägt wesentlich zum Klimaschutz bei. Sie ist weniger maschinenintensiv, es kommen weder synthetische Pflanzenschutzmittel noch mineralische Dünger zum Einsatz. Mit Letzterem ist weltweit ein sehr hoher Stickstoffverbrauch verbunden: Über 100 Millionen Tonnen Stickstoff verursachen in der energieintensiven Produktion über eine Milliarde Tonnen CO_2. Zudem gelangen zwischen zwei und fünf Prozent des eingesetzten Stickstoffs in Form von Lachgas (N_2O) in die Atmosphäre, was einem CO_2-Äquivalent von rund einer weiteren Milliarde Tonnen CO_2 entspricht. Macht zusammen für jeden Erdenbürger 0,25 Tonnen, bei unserer mitteleuropäischen Ernährung etwa 0,4 Tonnen. Unabhängig davon, wie man sich ernährt:

Alleine durch die Verwendung von Biolebensmitteln reduziert man die Emission der Treibhausgase um mindestens 25 Prozent! Der gesundheitliche Aspekt biologischer Ernährung liegt auf der Hand: weniger Pestizidrückstände, weniger Nitrate, weniger Schwermetalle, aber ein höherer Anteil an Vitaminen und Spurenelementen.

Die perfekte Kombination von saisonal, regional und bio bietet übrigens der eigene Garten. Schnittlauch auf dem Fensterbrett, Tomaten auf dem Balkon oder Salat aus dem Hochbeet – das alles hilft, das Archaische der Nahrungsaufnahme wiederzuentdecken, die Ursprünglichkeit des Essens zu schätzen. Die in Mode kommende Bewirtschaftung von Gemeinschaftsgärten und auch der Urban-Gardening-Trend zeugen von diesem Bedürfnis. Dieser Anteil der Ernährung verursacht nicht nur weniger, sondern nahezu keine CO_2-Emissionen. Das heißt nicht, dass wir nun alle Selbstversorger werden müssen. Es genügt oft wenig, um die Lust am guten Essen zu steigern und damit eine generelle Sensibilität für hochwertige und gesunde Lebensmittel zu schaffen.

Die FAO ist die Ernährungs- und Landwirtschaftsorganisation der Vereinten Nationen (*Food and Agriculture Organization of the United Nations*). Sie beschäftigt sich mit allen globalen Belangen der Ernährung, agiert dabei als wissenschaftliches Netzwerk, das Wissen generiert und verbreitet. Dem Kampf gegen die Verschwendung wird hohe Priorität eingeräumt. Nicht nur in Bezug auf den Klimaschutz, sondern auch als Beitrag gegen den Welthunger.

Eine letzte Möglichkeit, die Emissionen zu reduzieren, betrifft die Verschwendung von Lebensmitteln. FAO-Schätzungen zufolge wird weltweit ein Drittel der produzierten Lebensmittel weggeworfen. In Bezug auf die Emissionen macht das etwas weniger – rund ein Viertel – aus: Könnte diese Verschwendung eliminiert werden, wären bereits 0,45 Tonnen CO_2 pro Person und Jahr eingespart. Sowohl vonseiten der Vereinten Nationen, der EU als auch von nationalstaatlicher Seite sind Ziele und Maßnahmenpakete definiert worden, um zumindest die Hälfte dieser Verschwendung zu vermeiden. Die Maßnahmen reichen von weniger strengen Vorgaben bezüglich Form und Aussehen von Lebensmitteln über breite Informationskampagnen bis hin zum Hinterfragen von Mindesthaltbarkeitsdaten. Gerade in diesem Bereich kann jeder Einzelne etwas bewirken: bessere Einkaufsplanung, Aktionsware mit knappem Mindesthaltbarkeitsdatum verwenden, abgelaufene Ware noch auf mögliche Verwendbarkeit prüfen und im Restaurant bei kleinem Hunger auch nur die kleine Portion bestellen.

Ich liebe gutes Essen. Wir essen wenig Fleisch, fast nur am Wochenende. Dann aber mit Freuden. Es ist mir durchaus bewusst, dass für meinen Genuss ein Lebewesen sterben musste. Ich hoffe aber – und sorge mit meiner Auswahl möglichst dafür –, dass es unter würdigen Umständen gelebt hat und geschlachtet wurde. Die hierfür erforderliche ökologische Tierhaltung hat den Nebeneffekt, dass das Fleisch gesünder ist und besser schmeckt. Ein gutes Glas Wein dazu, und die Geschmacksrezeptoren tanzen. Unter der Woche gibt's saisonales Gemüse vom Biohof in der Nähe. Jede Woche bekommen wir eine Gemüsekiste, mit allem, womit uns die Natur gerade beschenkt. Das ist sehr abwechslungsreich, oft sind fast vergessene Gemüsesorten mit dabei, die man sonst nie kaufen würde. Das erleichtert die Erstellung des Speiseplans, weil ein Teil der Zutaten schon vorgegeben ist. Meine persönliche Schwachstelle ist Käse – kaum ein Abend ohne. Ich merke aber immer öfter, dass es mir guttut, ihn hin und wieder wegzulassen und durch einen Gemüseaufstrich oder Hummus zu ersetzen. So haben wir alle unsere Gewohnheiten, Aspekte und Kriterien, nach denen wir unsere Ernährung wählen. Die CO_2-Emission steht bei mir hier zugegebenermaßen nicht an erster Stelle. Ich versuche eher, den bewussten Genuss in den Vordergrund zu stellen und vielleicht zu spüren, was meinem Körper guttut.

Bei der Ernährung geht es immer auch um die Kosten. Manches, was das Klima schützt, ist teurer. Biofleisch kostet und nur weniger Fleisch zu essen kann für Ausgleich sorgen. Ist es sozial überhaupt verträglich, auf Massentierhaltung zu verzichten? Der gesamthaft positive Effekt von gesünderer Nahrung vermag zusätzlich die externalisierten Kosten zu reduzieren – also jene Kosten, die von den Produzenten verursacht, aber von der Gesamtgesellschaft getragen werden müssen. Dabei handelt es sich um die Kosten für die Behandlung von ernährungsbedingten Zivilisationskrankheiten und um direkte Kosten zur Beseitigung von Schäden, die durch Massentierhaltung und konventionelle Landwirtschaft verursacht wurden. Immense Einsparungen sind möglich: In Frankreich werden 54 Milliarden Euro ausgegeben, um Nitrate, verursacht durch Stickstoffdüngung, aus dem Trinkwasser herauszufiltern; in der gesamten EU werden hierfür Summen bis zu 320 Milliarden Euro genannt. Die immer häufiger auftretenden und Milliarden verschlingenden Überschwemmungen sind nicht nur eine Auswirkung des Klimawandels. Ein durch Monokulturen degradierter Boden kann viel weniger Wasser aufnehmen als von Regenwürmern durchbohrtes Erdreich. Wer auf diese Umwegrentabilität nicht warten will – Bioküche und hohe Kosten gehören nicht zwingend zusammen, wenn bewusst geplant und eingekauft wird *(siehe Büchertipps auf Seite 206).*

Welche wirtschaftlichen Auswirkungen aber hätte eine langsame Veränderung unserer Ernährungsgewohnheiten?

▶ Regionale Lebensmittel erhöhen die regionale Wertschöpfung; Einbußen ergeben sich für die Transportwirtschaft, die weniger Aufträge erhält und geringere Umsätze erwirtschaftet.

▶ Eine Verschiebung von konventioneller hin zu biologischer Landwirtschaft bewirkt eine Reduktion des Maschinen- und somit Energieeinsatzes und einen verstärkten Bedarf an menschlicher Arbeitskraft.

CO$_2$-Emission durch Ernährungsstil

in Tonnen pro Jahr

Angaben pro Woche

Durchschnittlich	4 Portionen Fleisch, täglich 100 g Schinken und Wurst, täglich Milchprodukte, mäßig Obst und Gemüse	**+|−** **1,8**

Tierisch **+**	**Flexitarier, konventionell** **−**
1,5 kg Fleisch, täglich 100 g Schinken und Wurst, 10 Eier, mehr Milchprodukte als Gemüse; alles aus konventioneller Landwirtschaft **2,4**	Zweimal Fleisch oder Fisch, durchschnittliche Mengen an Wurstprodukten, Milchprodukten, Obst und Gemüse **1,5**

Bio-Flexitarier	Wie Flexitarier; wann immer möglich regional und bio	**−** **1,1**

Hauptsache gesund	Einmal Fleisch oder Fisch, wenig Milchprodukte, viel Obst und Gemüse; wann immer möglich regional und bio	**−** **0,8**

Enthaltsamer Veganer	Keine tierischen Produkte; wann immer möglich saisonal, regional und bio; Verzicht auf Alkohol und Kaffee	**−** **0,4**

Die Grafik enthält die Emissionsabschätzung verschiedener, beispielhafter Ernährungsstile: Eine halbe bis ganze Tonne CO$_2$ pro Person und Jahr kann relativ leicht eingespart werden; mit durchaus positiven Auswirkungen auf Genuss, Gesundheit, Land- und Volkswirtschaft.

Hintergrundinfo:
Die Rolle der Landwirtschaft beim Klimaschutz

Die konventionelle Landwirtschaft ist für den größten Teil der CO_2-Emission aus dem Bereich Ernährung verantwortlich. Die Ökologisierung der Landwirtschaft bietet in Zusammenhang mit dem Klimaschutz ganz neue Möglichkeiten, die in der öffentlichen Diskussion leider wenig präsent sind.

Ein Schlagwort lautet **Klimafarming**. Darunter versteht man das Aufwerten von landwirtschaftlich genutzten Böden durch Biokohle, auch Pflanzenkohle genannt. Die Bedeutung für das Klima liegt zunächst darin, dass Kohlenstoff nicht in Form von Kohlendioxid (CO_2) in die Atmosphäre gelangt, sondern biologisch stabil im Boden »deponiert« wird: Jegliche Pflanze, jeder Baum hat der Atmosphäre während der Wachstumsphase Kohlenstoff entzogen – durch Fotosynthese. Nur wenn das abgestorbene organische Material danach verrottet oder verbrennt, wird der Kohlenstoff wieder freigesetzt. In der Biokohle bleibt der Kohlenstoff gebunden – Biomasse wirkt also nun nicht CO_2-neutral, sondern sogar CO_2-positiv!

Das Besondere: Die Ausbringung von Biokohle auf landwirtschaftlichen Flächen bringt eine Reihe von Vorteilen mit sich: Allem voran wird eine Erhöhung des Humusanteils im Boden bewirkt. Statt Werten von ein bis zwei Prozent, wie sie heute auf industriell bewirtschafteten Äckern vorzufinden sind, werden langfristig wieder Humusanteile von über fünf Prozent erreicht. Die Anzahl der Bodenbakterien nimmt deutlich zu, der Boden wird von einer Vielzahl von Mikroorganismen bevölkert. Das hat eine verbesserte Mineralstoffaufnahme zur Folge, der Boden wird lockerer und vermag dadurch mehr Wasser zu speichern. Neben aktivem Klimaschutz leistet diese Strategie deshalb auch einen Beitrag zum Schutz gegen die Folgen des Klimawandels: Kann der Boden mehr Wasser aufnehmen, sinkt die Gefahr von Überschwemmungen. Insgesamt nimmt die Bodenqualität jedenfalls deutlich zu, was mit wesentlich höheren Ernteerträgen verbunden ist.

Außerdem werden nun weitere positive Effekte wirksam: Die viel höhere Produktivität des Bodens erlaubt, auf mineralische Dünger zu verzichten, was die Lachgasemissionen drastisch eindämmt. Sogar die Freisetzung von Methan wird reduziert, weil der luftdurchlässige Boden verstärkt von methanabbauenden Mikroorganismen bevölkert wird.

Biokohle – oder auch Pflanzenkohle genannt – besteht größtenteils aus Kohlenstoff und wird auf Basis von rein pflanzlichen Ausgangsstoffen mittels Pyrolyse hergestellt. Dabei kommen pflanzliche Abfälle ebenso zum Einsatz wie Brennholz, das primär in Biomassekraftwerken zur Strom- und Wärmeerzeugung genutzt wird und Biokohle als Nebenprodukt hinterlässt. Der Kohlenstoff (C) ist in der Biokohle gebunden und kann dadurch nicht in Form von Kohlendioxid (CO_2) in die Atmosphäre gelangen, wie es sonst bei Verbrennungsprozessen der Fall ist. Für einen Hektar Ackerland werden etwa 15 Tonnen Biokohle eingesetzt, womit der Atmosphäre etwa 40 Tonnen CO_2 erspart werden. Die vielfältigen positiven Effekte auf den Boden bewirken noch eine zusätzliche CO_2-Einsparung, die mindestens dreimal so groß ist.

Meerschweinchen-Test

Auf den nachfolgenden Seiten können Sie eine detaillierte Selbsteinschätzung vornehmen. Für sämtliche Lebensbereiche ist eine Reihe von
Beispielen angeführt, sodass Sie sich hoffentlich finden und Ihre Emission
recht zuverlässig ermitteln können. Der Test erscheint auf den ersten
Blick sehr umfangreich, meist sind aber auf einer Seite nur wenige
Einschätzungen zu machen. Die detaillierte Darstellung dient nicht nur
der Genauigkeit, sondern auch der Beurteilung von eventuellen Verhaltensänderungen. Natürlich kann die Ermittlung Ihrer Emission keiner
wissenschaftlichen Prüfung standhalten, weil hierfür sowohl die Daten-
grundlagen als auch die Einschätzung nur unzulänglich abgebildet
werden können. Eine Orientierung erhalten Sie aber allemal. Bitte
berücksichtigen Sie, dass die Selbsteinschätzung in der Regel zu optimis-
tisch erfolgt – im Zweifelsfall also lieber den höheren Wert wählen!

In manchen Bereichen können die Durchschnittswerte der Bevölkerung
benannt werden; diese sind grau markiert, alle besseren Werte sind in
der jeweiligen Kapitelfarbe hinterlegt.

Am Ende jedes Kapitels zählen Sie alle Punkte zusammen und tragen
den Wert in die Zwischensumme ein. Anhand der Skala sehen Sie dann
jeweils gleich, wo Sie sich einordnen – die Skala zeigt den Durchschnittswert der mitteleuropäischen Bevölkerung sowie die Grenzen, innerhalb
derer sich der Großteil der Menschen befindet.

MEERSCHWEINCHEN-TEST:
KATEGORIE ERNÄHRUNG

Bei der Ernährung hängt die Emission hauptsächlich davon ab, **was** Sie
essen. Aber nicht nur: Lebensmittel in Bioqualität, regionale Herkunft,
Verwendung frischer, saisonaler Lebensmittel reduzieren die Emission
ebenso wie das Vermeiden von Verpackungsmaterial und Lebensmittel-
verschwendung. Aus diesem Grund haben Sie in jeder Zeile die
Möglichkeit, Ihre diesbezüglichen Gewohnheiten zu berücksichtigen.
Der Einfachheit halber sind diese fünf Kriterien zusammengefasst – Sie
beurteilen einfach, wie häufig Sie diese Kriterien in Summe
berücksichtigen.

START →

		Bio/regional/saisonal/verpackungsreduziert (wo zutreffend)/verschwendungsreduziert				

☐ hohe Emission
▨ Durchschnitt
▨ niedrige Emission

Fleisch

	Konsum in Gramm pro Woche	zum Beispiel	nie	hin und wieder	oft	wann immer möglich	immer
RINDFLEISCH	über 1500	täglich ein Steak à 250 g	24	22	20	18	16
	1000 – 1500	5 x pro Woche ein Steak à 250 g	17	16	14	13	12
	500 – 1000	3 x pro Woche ein Steak à 250 g	10	9	9	8	7
	250 – 500	2 x pro Woche ein kleines Steak à 200 g	5	5	4	4	4
	100 – 250	1 x pro Woche ein kleines Steak à 200 g	2	2	2	2	2
	0 – 100	1 x pro Monat ein kleines Steak à 200 g	1	1	1	1	0
	0		0	0	0	0	0
ANDERES FLEISCH, FISCH, …	über 3000	täglich 250 g Fleisch und 250 g Wurstwaren	18	17	16	15	13
	2000 – 3000	täglich 200 g Fleisch und 150 g Wurstwaren	13	12	12	10	10
	1000 – 2000	6 x pro Woche 150 g Fleisch und 100 g Wurstwaren	8	7	7	6	6
	500 – 1000	5 x pro Woche 150 g Fleisch ODER 150 g Wurstwaren	4	4	3	3	3

	Konsum in Gramm pro Woche	Bio / regional / saisonal / verpackungsreduziert (wo zutreffend) / verschwendungsreduziert — zum Beispiel	nie	hin und wieder	oft	wann immer möglich	immer
… WURSTPRODUKTE	250 – 500	3 x pro Woche eine kleine Fleisch- ODER Wurstportion à 125 g	2	2	2	2	1
	0 – 250	1 x pro Woche eine kleine Fleisch- ODER Wurstportion à 125 g	1	1	1	1	0
	0		0	0	0	0	0

Milchprodukte

	Konsum in Gramm pro Woche	zum Beispiel	nie	hin und wieder	oft	wann immer möglich	immer
BUTTER	über 200	1 x pro Woche eine Packung Butter à 250 g	6	6	5	5	5
	100 – 200	1 x pro Woche eine Packung Butter à 250 g – zu zweit	4	3	3	3	3
	50 – 100	1 x pro Woche eine Packung Butter à 250 g – zu dritt	2	2	2	2	1
	0 – 50	1 x pro Monat eine Packung Butter à 250 g – zu zweit	1	1	1	1	0
	0		0	0	0	0	0
KÄSE	über 500	täglich eine Portion Käse à 100 g	6	5	5	5	4
	250 – 500	täglich eine Portion Käse à 50 g	3	3	3	3	2

	Konsum in Gramm pro Woche	Bio/regional/saisonal/ verpackungsreduziert (wo zutreffend)/ verschwendungsreduziert — zum Beispiel	nie	hin und wieder	oft	wann immer möglich	immer
	125 – 250	4 x pro Woche eine Portion Käse à 50 g	2	1	1	1	1
	0 – 125	1 x pro Woche eine Portion Käse à 50 g	1	0	0	0	0
	0		0	0	0	0	0
EIER SAHNE, SAUER- RAHM, QUARK	über 400	pro Woche 3 Packungen à 200 g	4	4	4	3	3
	200 – 400	pro Woche zu zweit 3 Packungen à 200 g	2	2	2	2	2
	0 – 200	pro Woche zu zweit 1 Packung à 200 g	1	1	1	1	1
	0		0	0	0	0	0
SONSTIGE MILCHPRODUKTE (MILCH, JOGHURT,…)	über 3000	täglich 0,5 Liter Milch und 150 g Joghurt	7	7	6	6	6
	1500 – 3000	täglich 0,25 Liter Milch und 75 g Joghurt	4	4	4	3	3
	0 –1500	keine Milch, täglich 75 g Joghurt	2	2	2	2	1
	0		0	0	0	0	0

Getränke

	Konsum in Gramm pro Woche	zum Beispiel	nie	hin und wieder	oft	wann immer möglich	immer
WEIN	über 2000	täglich 375 ml	4	4	3	3	2
	1000 – 2000	täglich 125 – 250 ml	3	2	2	2	1
	0 –1000	2 x pro Woche 250 ml	1	1	1	1	0
	0		0	0	0	0	0

	Konsum in Gramm pro Woche	zum Beispiel	Bio/regional/saisonal/verpackungsreduziert (wo zutreffend)/verschwendungsreduziert				
			nie	hin und wieder	oft	wann immer möglich	immer
KAFFEE	über 4000	täglich 5 Tassen Kaffee à 150 ml	6	6	5	5	4
	2000 – 4000	täglich 3 Tassen Kaffee à 150 ml	4	3	3	3	3
	0 – 2000	täglich 1 bis 2 Tassen Kaffee à 150 ml	2	2	2	1	1
	0		0	0	0	0	0
SONSTIGE GETRÄNKE ABGEFÜLLT	über 10 000	täglich 2 Liter	12	12	11	10	9
	5000 – 10 000	täglich 1 Liter	6	6	5	5	5
	2500 – 5000	täglich 0,5 Liter	3	3	3	2	2
	0 – 2500	täglich 0,25 Liter	2	2	1	1	1
	0		0	0	0	0	0

Restliche Lebensmittel, Zuschläge

Die restlichen Lebensmittel werden zusammengefasst, weil sie mit vergleichsweise geringen Emissionen verbunden sind.

			nie	hin und wieder	oft	wann immer möglich	immer
GETREIDE, HÜLSENFRÜCHTE, SOJAPRODUKTE, GEMÜSE, …	sehr wenig	bei vorwiegend tierischer Ernährung	6	6	5	5	4
	eher wenig	bei eher tierischer Ernährung	8	7	6	5	5
	mittel	bei durchschnittlicher Ernährung	9	8	7	6	5

	Bio / regional / saisonal / verpackungsreduziert (wo zutreffend) / verschwendungsreduziert					
	zum Beispiel	nie	hin und wieder	oft	wann immer möglich	immer
...OBST, SAMEN UND NÜSSE, ÖLE, ZUCKER, ETC. eher viel	bei fleischarmer bis vegetarischer Ernährung	11	10	9	8	7
viel	bei veganer Ernährung	15	13	11	10	8
FÜR FASTFOOD-, KANTINEN-UND TIEF-KÜHLMAHLZEITEN nie		0	0	0	0	0
selten	3 x pro Monat	1	1	1	1	0
regelmäßig	2 x pro Woche	2	2	2	2	1
häufig	3 – 5 x pro Woche	4	4	4	3	3
sehr häufig	6 – 10 x pro Woche	8	8	7	6	6

SUMME **ERNÄHRUNG:**

Alle Teilergebnisse (jeweils am Ende jedes Kapitels) werden auf Seite 183, für das Gesamtergebnis, nochmal zusammengetragen.

AUSWERTUNG
Ihr Ergebnis im Überblick

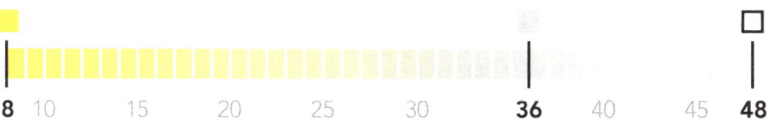

8 10   15   20   25   30   **36** 40   45 **48**

1,8 TONNEN CO$_2$ PRO JAHR

Für **Anna** spielt die Ernährung keine besonders wichtige Rolle. Sie ist kein Fleischtiger, achtet aber auch nicht speziell auf Ihren Konsum. Ihre Hauptmahlzeit enthält nicht jeden Tag Fleisch, aber doch häufig. Und irgendwelche Wurstprodukte stehe auch jeden Tag auf dem Speiseplan. Bio? Gerne, wenn´s nicht mehr kostet. Käse, Sahne und andere Milchprodukte sind fixer Bestandteil ihrer Ernährung, ebenso wie Getreideprodukte, Obst und Gemüse. Bei exotischen Lebensmitteln übertreibt sie es nicht, alles in allem ist ihr Ernährungsstil einfach sehr durchschnittlich. Ihre damit verbundene Emission beträgt 1,8 Tonnen CO$_2$ pro Jahr.

0,8 TONNEN CO$_2$ PRO JAHR

Bernhard hat seine Ernährung vor einigen Jahren radikal umgestellt. Irgendwie fühlte er sich nicht mehr wohl. Ein bisschen zu viel Gewicht, zu wenig Bewegung, immer wieder mal übersäuert – und so richtig genießen konnte er kaum etwas. Zugegeben, mit Massentierhaltung und Agrarindustrie hatte er auch seine Mühe. Aber der Wille zur Veränderung kam erst auf, als ihn das Sodbrennen mehr und mehr quälte. Heute genießt er sein Essen mehr als zuvor:
Einmal in der Woche steht Fleisch auf dem Speiseplan –

der Sonntagsbraten sozusagen. Das kommt vom Biobauern und darf dann auch ein bisschen mehr kosten. Milchprodukte konsumiert er sehr bewusst, insbesondere Butter und Sahne hat er reduziert. Insgesamt kam mit dieser Umstellung viel mehr Abwechslung in sein kulinarisches Leben. Neben Reis, Nudeln und Kartoffeln gibt es nun auch Hirse, Couscous, Quinoa, oft auch Hülsenfrüchte (Bohnen, Linsen und Kichererbsen) und auch der Gemüsekorb wurde viel bunter. Er stellte fest, dass die Beachtung des saisonalen und regionalen Angebots keine Einschränkung, sondern vielmehr eine Bereicherung darstellt. Er hätte vorher nicht geglaubt, dass es noch so viele Gemüsesorten gibt, die den Weg auf seinen Teller bislang nicht fanden. Ganz nebenbei bewirkt dieser Gesund- und Wohlfühl-Ernährungsstil eine Reduktion der CO_2-Emissionen auf 0,8 Tonnen pro Jahr.

0,6 TONNEN CO$_2$ PRO JAHR

Für **Christina** ist Essen viel mehr als Nahrungsaufnahme. Philosophie, Wissenschaft, Geisteshaltung: Sage mir, was du isst, und ich sage dir, wer du bist. Vor allem aus ethischen Gründen verzichtet sie auf tierische Produkte – sie ist Veganerin. Fleisch und Käse vermisst sie schon lange nicht mehr, insbesondere Tofu (selbstverständlich aus kontrolliert biologisch angebautem Soja) liefert ihr das nötige Eiweiß. Ansonsten genießt sie die Vielfalt der pflanzlichen Nahrungsmitteln, wobei sie die Prinzipien saisonal, regional und bio sehr konsequent beachtet. Mit Askese hat das aber nichts zu tun: Mit Kaffee und Wein konsumiert sie durchaus auch Genussmittel im klassischen Sinn, wenn auch in moderaten Mengen. Effekt auf die CO_2-Bilanz ist: beachtlich. Sie kommt mit 0,6 Tonnen pro Jahr aus.

Die CO$_2$-Bilanz im Hinblick auf die Ernährung verbessern – so geht's:

- Fleisch aus Massentierhaltung meiden und generell weniger Fleisch essen, dafür aber solches von höherer Qualität (am besten vom nahe gelegenen Biobauernhof), oder überzeugt und mit Freude vegetarisch leben

- den Konsum von Milchprodukten reduzieren (besonders Butter, Sahne, Käse) oder sich abwechslungsreich vegan ernähren

- Lebensmittel aus kontrolliert biologischem Anbau kaufen

- frisches Obst und Gemüse aus der Region genießen, sich auch am reichhaltigen Angebot aus Südeuropa erfreuen und sich bei Lebensmitteln aus Übersee auf schiffbare Ware wie etwa Kaffee und Bananen beschränken

- Leitungswasser zum Standardgetränk machen

- und andere Getränke möglichst in Mehrweggebinden kaufen (auf guten Wein in Einwegflaschen dennoch nicht verzichten!)

- Aluminium- und Weißblechdosen vermeiden und generell Verpackungen dem Recycling zuführen, um Müll zu reduzieren

- Lebensmittel selbst anbauen: Kräuter auf dem Fensterbrett, Tomaten auf dem Balkon, im Gemüsebeet im eigenen Garten, durch Beteiligung an einem öffentlichen Gemeinschaftsgarten …

- Verschwendung reduzieren: öfter mal Aktionsware mit knappem Mindesthaltbarkeitsdatum verwenden, abgelaufene Ware noch auf mögliche Verwendbarkeit prüfen und im Restaurant bei kleinem Hunger auch nur die kleine Portion bestellen – und sich generell am Essen erfreuen!

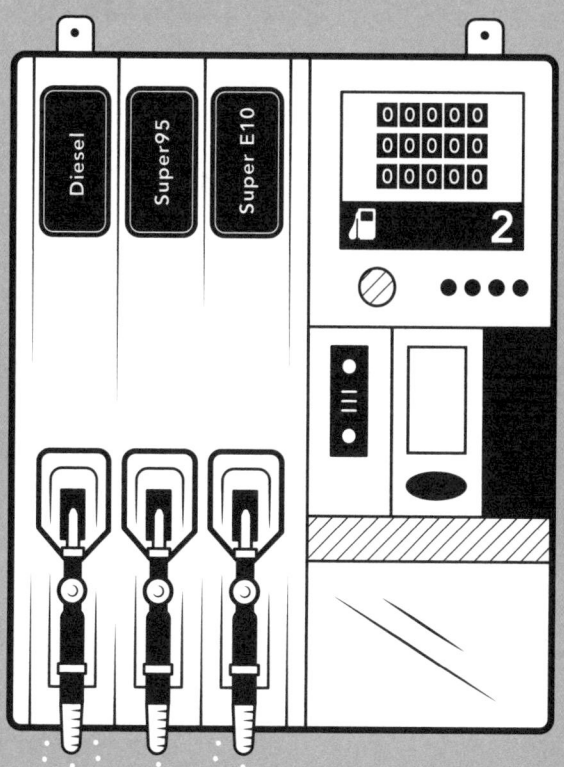

Private Mobilität

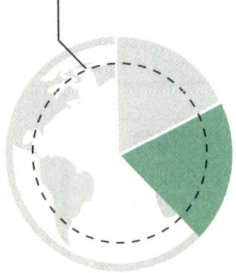

Reduktionsziel
durch Lebensstil

2,1 TONNEN

2,1 Tonnen CO$_2$ pro Person und Jahr – nur für die privaten Wege. Die Mobilität ist somit für den größten Einzelposten verantwortlich.

Das Reduktionspotenzial ist dementsprechend groß: Es geht auch **(fast) ohne** Emissionen.

Aber auch nach oben sind kaum Grenzen gesetzt – Vielfahrer schaffen gut und gerne **das Doppelte.**

Für eine Strecke von sieben Kilometern benötigt man mit dem E-Bike nur um etwa fünf Minuten länger als mit dem Auto. Die Emission ist hingegen um **99 Prozent geringer** als beim Auto mit Verbrennungsmotor.
(Die Durchschnittsgeschwindigkeit des Autos beträgt innerstädtisch etwa 30 Kilometer pro Stunde.)

Auf einer Gesamtstrecke von **7 km** verbraucht ein ...

FAHRRAD

CO$_2$-
Emission:

0 g
✗

Fremdleistung:

0 W

Reisedauer:

15   30

23 Minuten

E-BIKE

13 g
●

Fremdleistung:

100 W

Reisedauer:

15   30

19 Minuten

ELEKTROAUTO

420 g

Fremdleistung:

4.500 W

Reisedauer:

15   30

14 Minuten

PKW mit Verbrennungsmotor

1520 g

Fremdleistung:

22 000 W

Reisedauer:

15   30

14 Minuten

Private Mobilität

Der Ausgangswert pro Person für diesen Bereich liegt bei durchschnittlich 2,1 Tonnen im Jahr. Zur Abgrenzung: Im Verkehrssektor werden aktuell noch weitere 0,6 Tonnen pro Jahr durch den Warenverkehr verursacht, der unseren Konsumprodukten zuzuordnen ist (etwa Nahrungsmitteln, *siehe Seite 30–31*). Weitere 0,3 Tonnen pro Jahr sind durch den geschäftlichen Verkehr bedingt, auch diese Emissionen müssen auf das jeweilige Endprodukt des Unternehmens umgelegt werden. Dem Flugverkehr ist ein eigenes Kapitel gewidmet (*ab Seite 83*).

Die folgenden Betrachtungen beziehen sich auf den heutigen Mix an Fahrzeugen und Technologien. Die Auswirkungen möglicher Effizienzsteigerungen, wie zum Beispiel der Einsatz von Elektroautos, werden ab Seite 61 behandelt.

Wir Europäer legen durchschnittlich knapp 9000 Kilometer pro Jahr im Privat-Pkw zurück. Nicht ausschließlich alleine, auch mit einem oder mehreren Mitfahrenden – die mittlere Belegung eines Autos liegt bei ungefähr 1,3 Personen. Die

Fahrzwecke teilen sich in etwa folgendermaßen auf: 41 Prozent sind auf Freizeitaktivitäten zurückzuführen, 23 Prozent auf die Fahrt zur Arbeit, 21 Prozent dienen dem Einkauf, sechs Prozent dem Urlaub und neun Prozent fallen unter Sonstiges. Freizeitaktivitäten und Arbeitsweg machen also bereits zwei Drittel aus und variieren individuell sehr stark. Sie sind daher in besonders hohem Maße eine Frage des Lebensstils.

Ich schätze mich glücklich, dass mein Arbeitsplatz nur wenige Kilometer von meinem Zuhause entfernt ist. Bei nahezu jedem Wetter und fast jeder Schneelage fahre ich mit dem Fahrrad. Notfalls kann ich aber auch zu Fuß gehen. Die täglichen sechs Kilometer sorgen für eine Grundfitness; ich bin im Freien und fühle mich wohl. Ich schaffe damit auch eine gewisse Distanz zwischen Arbeit und Zuhause; fahre die Aktivität langsam herunter, was mir im motorisierten Straßenverkehr nicht möglich ist. Auch die meisten anderen Wege meines Alltags sind keine zehn Kilometer lang. Das ist mit dem Fahrrad wirklich gut machbar. Übrigens: Der Weg zur Arbeit ist bei etwa einem Drittel der Erwerbstätigen kürzer als fünf Kilometer, bei fast der Hälfte ist er kürzer als zehn Kilometer.

Die insgesamt starke Zunahme des privaten Verkehrs verdient besondere Aufmerksamkeit, weil sie in Wechselwirkung zu den meisten anderen Bereichen unseres Lebens steht. Sie beschreibt nicht nur, wie mobil wir sind – wie leicht es also ist, von A nach B zu kommen –, sie ist auch Ausdruck von Unruhe, in einem mit vielen Terminen vollgepackten Tagesablauf. Nur um Freizeitaktivitäten nachzugehen, legt hierzulande jeder Mensch, vom Säugling bis zum Greis, durchschnittlich jeden Tag zehn Kilometer im Pkw zurück!

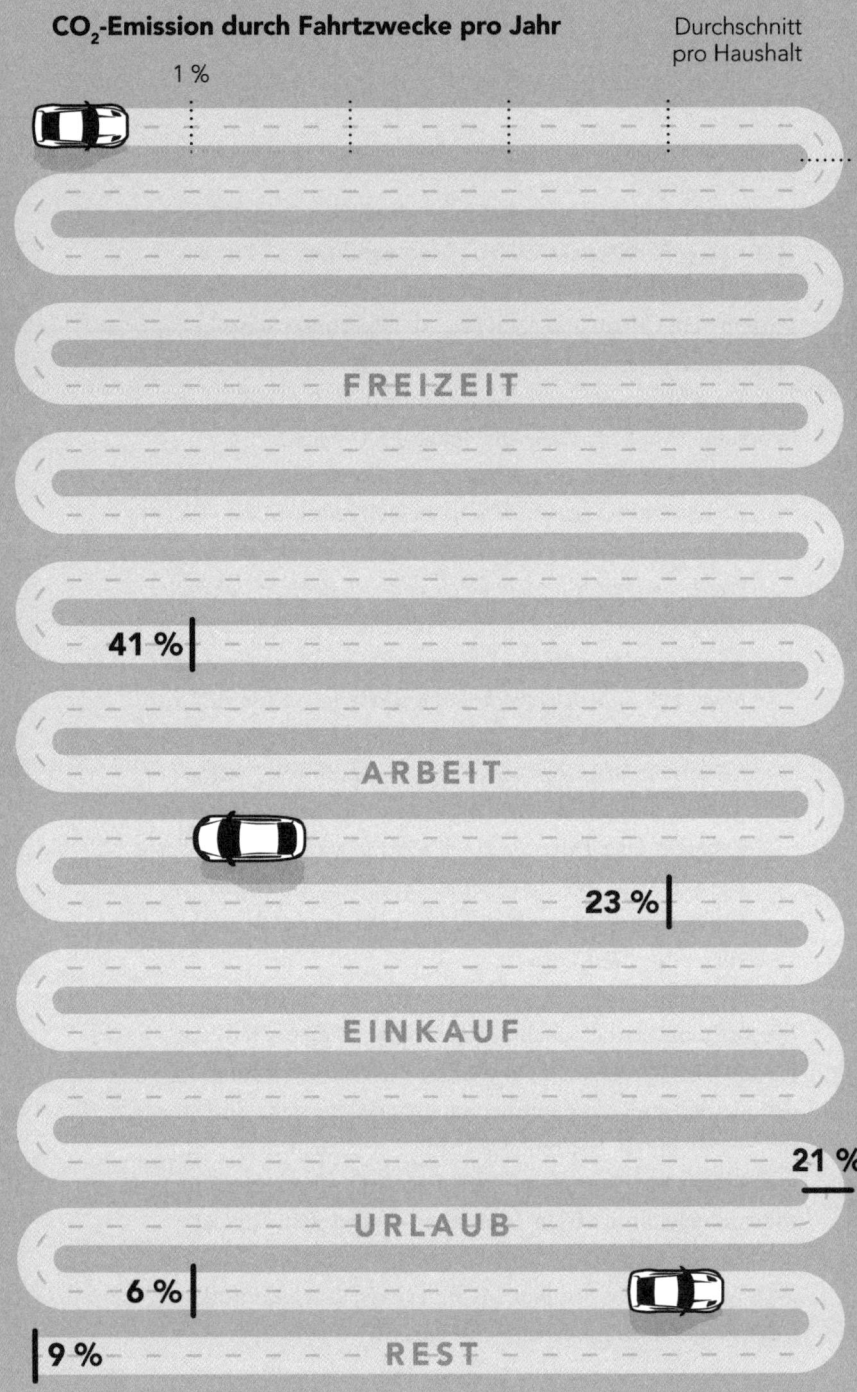

CO₂-Emission durch Fahrtzwecke pro Jahr

Durchschnitt pro Haushalt

1 %

FREIZEIT

41 %

ARBEIT

23 %

EINKAUF

21 %

URLAUB

6 %

9 % REST

Macht mal langsam, möchte man an dieser Stelle einwerfen. Tatsächlich spüren immer mehr Menschen den Wunsch nach Entschleunigung. Es kann doch unmöglich immer noch schneller und noch weiter gehen. Die Zunahme stressbedingter Krankheiten lässt sich nur eindämmen, wenn das Tempo wieder etwas gedrosselt wird. Diese Schnelligkeit wird auch in der zurückgelegten Strecke sichtbar. Die tägliche Wegstrecke pro Person ist in den letzten Jahrzehnten rasant angestiegen und liegt heute durchschnittlich bei fast 40 Kilometern. Bei Frauen ist sie etwas kürzer als bei Männern; außerdem steigt die Distanz mit zunehmendem Einkommen.

Entschleunigung auf der Straße und im Leben

Natürlich ist die Fortbewegung nicht alleine für gedrängte Terminkalender und die damit verbundene Belastung verantwortlich. Die heutige Mobilität schafft aber die besten Voraussetzungen dafür. Die (Fort-)Bewegung allein sorgt schon für Hochbetrieb in unseren kleinen grauen Zellen: Durch die räumliche Veränderung muss das Gehirn eine Flut von Bildern verarbeiten, zudem auch viele kurze soziale Kontakte – das Unterbewusstsein aber checkt noch in steinzeitlicher Manier jeden Personenkontakt ab: »Fremd? Feind? Gefahr?«

Die Reduktion der Geschwindigkeit und der Wege bietet also nicht nur einen beträchtlichen Hebel im Kampf gegen den Klimawandel, sondern vor allem auch die Chance auf ein entspannteres Leben. Die schlichte Reduktion der Aktivitäten verringert die Komplexität unseres Alltags und verschafft mehr Zeit zum Durchatmen. Die im Pkw verbrachte Zeit, immerhin rund vier Stunden pro Woche, könnte für andere, schönere Dinge genutzt werden. Die positive Wirkung wird aber nicht nur durch bloße Reduktion erreicht, sondern auch durch das gezielte Ersetzen von verbleibenden Pkw-Fahrten: mithilfe von öffentlichen Verkehrsmitteln oder durch zu Fuß oder mit dem Fahrrad zurückgelegte Wege. Diese Alternativen bringen neben der psychischen Entlastung noch zwei wichtige Effekte mit sich.

▶ Erstens: den Aufenthalt im Freien. Wer es gewohnt ist, täglich wenigstens zwei Stunden im Freien zu verbringen, weiß dieses Mehr an Lebensqualität zu schätzen. Umgekehrt betrachtet, verbringen die meisten Menschen über 22 Stunden pro Tag in geschlossenen Räumen oder in Fahrzeugen. Schlechte Luftqualität wirkt sich negativ auf das Wohlbefinden aus. Ein kurzer Aufenthalt im Freien dagegen ist immer mit Erholung verbunden: Die neuen Sinneseindrücke werden als angenehm empfunden, beispielsweise die andere Temperatur und die Bewegung der Luft, der Blick auf den freien Himmel, die Wahrnehmung anderer Geräusche und so weiter. Dies gilt in besonderem Maße in der freien Natur, aber auch im besiedelten Raum und sogar im innerstädtischen Bereich.

▶ Zweitens: Aus gesundheitlicher Sicht kann man von der in den Tagesablauf eingebauten Bewegung nur profitieren. Wird ein Arbeitsweg von drei bis fünf Kilometern mit dem Fahrrad zurückgelegt, ist mit 1,5 bis 2,5 Stunden pro Woche schon ein Grundpensum an Bewegung absolviert. Das gesunde Maß an Sport kann somit mühelos am Wochenende komplettiert werden. Trendige Fahrradstädte zeigen, wie es geht: Kopenhagen, Amsterdam oder Freiburg weisen bereits sehr hohe Anteile an Radverkehr

aus und profitieren von der dadurch erhöhten Lebensqualität: weniger Lärm, weniger Abgase, weniger Stau,
weniger Stress.

Dem E-Bike gehört die Zukunft

Für etwas weitere Strecken steht mit dem E-Bike eine relativ moderne und in gewisser Hinsicht bahnbrechende Technologie zur Verfügung. Das Fahrradfahren ist mit elektrischer Unterstützung weniger anstrengend, sodass auch eine
Strecke von zehn Kilometern noch nicht unter die Kategorie
Sport fällt. Damit wird das Radfahren erstens für eine breitere
Schicht interessant, zweitens kann nun der Großteil der mit
dem Pkw zurückgelegten Strecken abgedeckt werden. Die benötigte Energie ist im Vergleich zum Pkw fast vernachlässigbar gering: Auch unter Berücksichtigung der Akkuherstellung
liegt die CO_2-Emission je nach Fahrweise nur bei drei bis fünf
Gramm pro Kilometer, bei Verwendung von Ökostrom sogar
unter zwei Gramm pro Kilometer. Zum Vergleich: Pkw verursachen das 50- bis 100-Fache.

Übrigens ist das Fahrradfahren nicht grundsätzlich vom Wetter abhängig: Für passionierte Radfahrer gibt es bekanntlich
kein schlechtes Wetter, nur schlechte Kleidung. Das heutige
Angebot an wirklich komfortabler Regenbekleidung lässt keine
Wünsche offen. Ein Pkw-freier Arbeitsweg bietet Lebensqualität in Form von langsamer, ruhiger Distanzierung. Während
im Auto wieder alles schnell gehen muss und der »Druck«
durch den Straßenverkehr noch erhalten bleibt, beginnt mit
dem Schwung aufs Rad schon die Freizeit. Die Anspannung
lässt langsam nach, es bleibt vielleicht noch Zeit, den Tag Re-
vue passieren zu lassen und Belastendes abzuschütteln.

Pendeln – Auto vs. öffentliche Verkehrsmittel

Eine Herausforderung bleibt das Pendeln. Wer täglich große Strecken zurücklegen muss, um der Arbeit nachzugehen, wird sich schwertun, in diesem Segment einen Beitrag zum Klimaschutz zu leisten. Eine Verbesserung liefern Fahrgemeinschaften oder der Umstieg auf öffentliche Verkehrsmittel. Auf diese Weise kann die Belastung relevant reduziert werden. Bei langen Strecken ist aber selbst die Emission von Bus und Bahn nicht vernachlässigbar. Die Maßnahmen aus den Bereichen der Effizienz und der Erneuerbaren werden ihre Wirkung zeigen. Aber der Wandel zu einer nachhaltigen Gesellschaft wird auch die Arbeitswelt an sich verändern. Auch, was die täglichen Wege zur Arbeit anbelangt.

Der öffentliche Verkehr wird oft als teuer empfunden. Eine genauere Betrachtung relativiert diese Einschätzung jedoch: Wer beispielsweise zum 60 Kilometer entfernten Arbeitsort pendeln muss, bezahlt für eine Jahreskarte bei der Deutschen Bahn etwas mehr als 2000 Euro. Legt man diese Strecke an 200 Tagen mit dem Auto zurück, fallen für die 24 000 Kilometer bereits Treibstoffkosten in derselben Höhe an. Da sind jedoch weder Reifen und Werkstattkosten noch Versicherung und schon gar nicht der Wertverlust des Pkw berücksichtigt.

Und welche Rolle spielt der Faktor Zeit? Ob die Reisedauer von Tür zu Tür mit dem Auto oder mit Öffis kürzer ist, hängt von vielen Faktoren ab: Wie weit ist die Station, der Bahnhof jeweils entfernt, wie gut ist die Verbindung? Aber auch die Zeit, die wir im Stau verbringen, muss berücksichtigt werden. Was dagegen selten bedacht wird: Wie viel Zeit wird für das Tanken benötigt, die Autowäsche, das Reifenwechseln, den Service?

Auch öffentliche Verkehrsmittel gibt es nicht zum Nulltarif – Fahrzeuge und Infrastruktur müssen gebaut und betrieben, mit Energie versorgt werden. Aktuell liegt diese CO_2-Emission, auf alle Bürger verteilt, bei 0,1 Tonnen pro Jahr. Das ist wenig und könnte so bleiben. Würde der öffentliche Verkehr allerdings so stark ausgebaut, dass alle Pkw-Fahrten ersetzt werden können, würde die Emission auf 0,7 Tonnen pro Jahr ansteigen. Das entspricht immer noch einer Halbierung der Emissionen durch Pkw. Es entfiele theoretisch auch die Emission aus der Pkw-Produktion, was den Ausbau sogar wieder wettmachen würde. Aber es wird deutlich, dass die reine Verlagerung auf ein anderes, effizienteres, aber dennoch mit Fremdenergie versorgtes Verkehrsmittel wesentlich weniger Wirkung zeigt als die Nutzung das Fahrrads wo immer es geht - oder das Weglassen der einen oder anderen Strecke.

Übrigens: Die durch den Individualverkehr verursachten Kosten werden nur zum Teil vom Verursacher getragen. Vor allem Unfallkosten, aber auch Lärmschutzmaßnahmen, Kosten durch Gesundheitsschäden, Kosten infolge des Klimawandels, volkswirtschaftliche Kosten durch Staus und vieles mehr müssen von der Allgemeinheit getragen werden. In wissenschaftlichen Studien wurden hierfür Werte zwischen zehn und 40 Cent pro Kilometer ermittelt. Das entspricht in der EU einem Betrag zwischen 500 und 2000 Milliarden Euro. Das ist viel Geld, unabhängig davon, welche Zahlen man tatsächlich ansetzt. So wirkt sich ein diesbezüglich entspannter Lebensstil nicht nur auf die eigene Geldbörse positiv aus, sondern auch volkswirtschaftlich, und zwar in sehr hohem Ausmaß: Eine Größenordnung von fünf bis zehn Prozent des Bruttoinlandsprodukts könnte eingespart werden!

CO$_2$-Emission durch Verhalten im Privatverkehr

Beschreibung mit beispielhafter
Aufteilung der Strecken

in Tonnen pro Jahr

| **Durchschnittlich**
Fahrstrecke 8700 km
pro Person und Jahr | 3600 km Freizeit
2000 km Berufsverkehr
1800 km Einkauf
500 km Urlaub
800 km Rest | **+ \| −**

1,5 |

| **Vielfahrer** **+**
Fahrstrecke 17 400 km
pro Person und Jahr

5000 km Freizeit
8000 km Berufsverkehr
2000 km Einkauf
1200 km Urlaub
1200 km Rest

3,0 | **Wenigfahrer** **−**
Fahrstrecke 5500 km
pro Person und Jahr

1500 km Freizeit
0 km Berufsverkehr
900 km Einkauf
200 km Urlaub
400 km Rest

Zusätzlich werden Pkw-Fahrten ersetzt durch: 2000 km Fahrrad, 500 km öffentlich

0,5 |

| **Ohne eigenes Kfz**
Fahrstrecke 4800 km
pro Person und Jahr | Pkw-Fahrten werden ersetzt durch:
300 km Taxi
500 km Leihauto/Carsharing
2000 km Fahrrad
1000 km E-Bike
1000 km öffentlich | **−**

0,2 |

In dieser Grafik sind die Emissionen für einige beispielhafte Möglichkeiten in Bezug auf die private Mobilität dargestellt. Emissionen aus der Pkw-Produktion sind hier noch nicht berücksichtigt.

Eine breite Palette an Möglichkeiten mit mannigfaltigem Nutzen steht zur Verfügung. Reduktionen sind in vielen Fällen möglich, zielführend und mit persönlichem Gewinn behaftet. Dennoch gibt es in ebenfalls vielen Einzelfällen Gründe, warum dieses oder jenes Potenzial zumindest kurzfristig nicht gehoben werden kann. Was kann hier nun die Effizienzstrategie in Form der Elektromobilität leisten?

Warum E-Autos die bessere Alternative sind

Elektrische Antriebe arbeiten mit viel höheren Wirkungsgraden und tragen somit tatsächlich zu einer deutlichen Reduktion der Emissionen bei: Die mittlere CO_2-Emission pro Fahrkilometer bei Diesel- und Benzinfahrzeugen liegt bei 180 bis 200 Gramm. Dieser Wert beinhaltet auch die vorgelagerten Emissionen für Treibstoffherstellung, Transport und Tankstelleninfrastruktur, nicht aber die Produktion des Fahrzeugs. Elektrofahrzeuge dagegen kommen schon beim heutigen europäischen Strommix mit 60 bis 70 Gramm pro Fahrkilometer aus. Dieser Wert bildet den realen Verbrauch ab, inklusive Zusatzaufwänden wie Innenraumbeheizung im Winter.

Der rund 60-prozentigen Einsparung stehen keine nennenswerten Nachteile gegenüber, die höheren Investitionskosten lohnen sich über die Energiekosteneinsparung, wie die Autokostenübersicht des ADAC (2018/2019) eindrücklich zeigt: Für über 1000 Modelle wurden die Fixkosten (Versicherungen, Kfz-Steuer und so weiter), die Werkstattkosten, die Betriebskosten (Treibstoff, Strom) sowie der Wertverlust (auf Basis des Neuwagenpreises) ermittelt. Vergleicht man beispielsweise alle Varianten des VW Golf miteinander, so ist der e-Golf in der Anschaffung zwar mit Abstand am teuersten, bei den Werkstatt- und vor allem bei den Betriebskosten aber um so viel günstiger, dass die gesamten monatlichen Kosten auf der gleichen Höhe liegen wie jene der gleich starken Modelle mit Verbrennungsmotor (gilt für Modelle mit 116 bis 150 PS; der e-Golf kommt auf 136 PS).

Mit steigender Nachfrage ist zudem eine Kostensenkung im Bereich der Batterieproduktion zu erwarten. Elektroautos bieten weitere Vorteile: Sie sind leiser und emittieren im Betrieb keinerlei Schadstoffe (CO_2, Stickoxide, Feinstaub).

Der Herkunft des Stroms kommt hier eine zentrale Bedeutung zu. Müsste die zusätzlich benötigte Energie beispielsweise ausschließlich mithilfe von Kohlekraftwerken bereitgestellt werden, wäre der Effizienzgewinn schon fast verspielt. Ein hoher Anteil an erneuerbaren Energien im Strommix verbessert die Situation hingegen noch weiter.

Zum Begriff »vorgelagert« eine Geschichte: Es scheint, als ginge von Generation zu Generation so manch praktisches Wissen verloren. Dinge, die wie von selbst funktionieren, werden nicht erklärt, weil es für die ältere Generation selbstverständlich ist, und für die jüngere Generation stellt sich die Frage nicht. Der vorherige Absatz behandelte unter anderem die vorgelagerten Emissionen des Treibstoffs. Diesel und Benzin waren nicht immer schon im Tank der Tankstelle, sondern wurden von einem Tanklastwagen dorthin gebracht. Zuvor waren auch noch einige Produktions- und Transportschritte erforderlich, nachdem das Öl irgendwo aus der Erde geholt wurde. Ich behaupte, dass dieser Umstand nicht allen treibstofftankenden Menschen bewusst ist. Als ich im Rahmen meiner Arbeit als Passivhaus-Techniker eine Anlageninbetrieb-

nahme durchführte und die Besitzer des Hauses einwies, war
auch der vielleicht zehnjährige Sohn mit dabei. Ich erklärte die
Lüftungsanlage und demonstrierte das Herausnehmen eines
Zuluftauslasses. Da sah der Junge, dass sich hinter dem Einlass
eine Öffnung in der Wand befand und daran angeschlossen eine
Luftleitung. Er interessierte sich für den Verlauf der Leitung
und die genaue Funktion. Dann dachte er nach und fragte nach
einer Weile, ob sich denn hinter dem Wasserhahn auch eine
Leitung befinde.

Ich vertrete die Ansicht, dass die wichtigsten und einfachsten
Dinge unseres täglichen Lebens in ihrer Funktion gelehrt werden
sollten. Dass der Strom zwar aus der Steckdose kommt, aber
dahinter eine technische Installation und eine Anbindung an ein
zentrales Netz erforderlich ist, um die gewünschte Funktion zu
erhalten. Das soll ja nicht heißen, dass die Inhalte der Elektriker-
und Installateursausbildung in die Schule verschoben werden
sollen. Aber passt das noch zusammen, wenn man den Unter-
schied zwischen Pro- und Eucyten kennt, aber nicht weiß, dass
sich hinter dem Wasserhahn auch eine Leitung befindet?

Ausgehend von den beschriebenen Szenarien in Bezug auf das
Mobilitätsverhalten bietet uns die Energieeffizienz die auf der
folgenden Seite abgebildeten Potenziale. Aber Achtung: Das
angenehme, leise und emissionsfreie Fahren könnte dazu verleiten, die eine oder andere zusätzliche Strecke mit dem Elektroauto zurückzulegen. Schlimmer noch: Weil aufgrund der
begrenzten Reichweite doch nicht alle Strecken elektrisch be-
wältigt werden können, schafft man das smarte E-Mobil als
Zweitauto an (das man sonst gar nicht gebraucht hätte). Der
zusätzliche Aufwand für die Herstellung des Autos wäre dann
deutlich größer als der Nutzen.

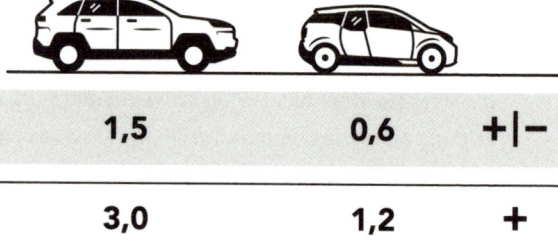

CO₂-Emission durch Verhalten im Privatverkehr in Tonnen pro Jahr	ohne Effizienz Verbesserung	mit E-Mobility	
Durchschnittlich	**1,5**	**0,6**	**+ | −**
Vielfahrer	**3,0**	**1,2**	**+**
Wenigfahrer	**0,5**	**0,2**	**−**
Ohne eigenes Kfz	**0,2**	**0,1**	**−**

Hintergrundinfo:
E-Mobilität und erneuerbare Energieversorgung

Solange die Stromerzeugung weitgehend auf Kohle und Gas basiert, stellt die Speicherung der Energie keine wesentliche Herausforderung dar. Diese Kraftwerke können je nach Bedarf zu- und weggeschaltet werden. Das ist zwar weder billig noch effizient, aber es hilft. Der Ertrag von Wind, Wasser und Sonne kann aber nicht gesteuert werden – je höher der Anteil dieser Energieformen, umso wichtiger wird eine effiziente Speicherung. Im 100-Prozent-Erneuerbar-Szenario ist diese Speicherung essenziell.

Energie in Form von elektrischem Strom kann nicht direkt gespeichert werden. Der Strom muss, wie der Name impliziert, fließen. Schon heute ist eine Reihe von indirekten Speichern im Einsatz, ohne die das Stromnetz nicht funktionieren würde. Im europäischen Netzverbund werden vor allem Pumpspeicherkraftwerke genutzt: Überschüssiger Strom wird an diese Kraftwerke geliefert; die Energie wird verwendet, um Wasser in einen höher gelegenen Stausee zu pumpen. Wenn einige Stunden später mehr Energie benötigt und weniger erzeugt wird, lässt man das Wasser wieder zu Tal. Die frei werdende potenzielle Energie treibt Generatoren an, der erzeugte Spitzenstrom wird in das Netz gespeist. Solche Kraftwerke dienen dazu, die Stromlieferung an die täglichen Bedarfsschwankungen anzupassen. Sie befinden sich naturgemäß in alpinen Lagen; ein massiver Ausbau wäre mit einem ebenso massiven Eingriff in die Landschaft verbunden.

Die vorhandenen Mittel der Energiespeicherung reichen bei Weitem nicht aus, um eine Vollversorgung mit erneuerbaren, fluktuierenden Energiequellen zu ermöglichen. Es werden zusätzliche kurz- und längerfristige Speicher benötigt. Für die kurzzeitige Speicherung bieten sich neue Möglichkeiten; die aus Effizienzgründen forcierte Elektromobilität stellt hier einen Glücksfall dar. Mit der vollständigen Umstellung auf das erneuerbare Energiesystem werden wohl auch Verbrennungsmotoren der Vergangenheit angehören. Damit wird es im deutschsprachigen Raum eine Flotte von 30 bis 40 Millionen Elektrofahrzeugen geben. Bei einer mittleren Reichweite von 300 Kilometern ist eine Batteriekapazität von 30 bis 35 Kilowattstunden erforderlich; daraus resultiert für die gesamte Flotte eine Speicherkapazität von ein bis 1,5 Terawattstunden. Wenn die Batteriekapazitäten weiterhin zunehmen, stehen insgesamt sogar bis zu drei Terawattstunden zur Verfügung. Das entspricht fast dem 100-Fachen aller Pumpspeicherkraftwerke im deutschsprachigen Raum!

TWh
Anstelle von Milliarden Kilowattstunden spricht man auch von Terawattstunden, abgekürzt TWh.

Dieser »Speicherschwarm« ist natürlich nicht zu 100 Prozent nutzbar, ein intelligentes Lademanagement wirkt aber Wunder: Unsere Fahrzeuge stehen heute zu etwa 97 Prozent der Zeit. Auch wenn die Anzahl der Fahrzeuge reduziert und die Nutzungszeit verdreifacht würde, wären es immer noch 90 Prozent Stehzeit. Wenn das Auto nun größtenteils an einem Platz steht, der über eine Ladeinfrastruktur verfügt (zu Hause, am Arbeitsplatz), kann die Batterie je nach Stromangebot (beziehungsweise Strompreis) zu einem beliebigen Zeitpunkt geladen werden. Benötigt der Benutzer am nächsten Morgen einen bestimmten Ladestand, so kann er dies vorgeben, andernfalls erfolgt die Ladung automatisch zum günstigsten Zeitpunkt. Das dient der Netzstabilität und reduziert die Energiekosten.

Aber nicht nur das Autofahren verursacht Emissionen, sondern auch die Herstellung des Autos, die Wartungen, die Reparaturen und schließlich auch die Entsorgung.

Emissionen durch die Fahrzeugherstellung

Wir können wirklich stolz darauf sein, welch geniale Maschinen die Ingenieure unserer Zeit erdacht, welche Technologien erforscht, welche Systeme in Form des Automobils entwickelt wurden. Doch ist auch die Kehrseite der Medaille nicht mehr zu übersehen: Nicht nur der Energieverbrauch und die damit verbundenen Emissionen beim Fahren sind ein Problem, auch das Fahrzeug selbst hat – vor allem bei seiner Herstellung – einen Emissionsrucksack erhalten.

Je nachdem, welche Studie zitiert wird, verursachen die Produktion, alle Reparaturen und Wartungstätigkeiten sowie die

Entsorgung eines Pkw zwischen 3,5 und 12 Tonnen CO_2. Natürlich kommt es auch auf das Fahrzeug selbst an – bei einer Luxuslimousine kann die Emission zwei- bis dreimal so hoch sein wie bei einem Kleinwagen – ansonsten unterscheiden sich die Studien aber hauptsächlich darin, was alles betrachtet wurde. Wenn man aber über ein globales Budget spricht, müssen auch wirklich alle Emissionen berücksichtigt werden, die in Verbindung mit der Herstellung und dem Lebenszyklus des Fahrzeugs stehen: Rohstoffgewinnung, Transport der Rohstoffe, Produktion der Einzelteile bei den Zulieferern, Transporte dieser Einzelteile, Produktion des Fahrzeugs, alle Emissionen, die durch die Infrastrukturen der produzierenden Unternehmen verursacht werden, Ersatzteile, Emissionen der Reparaturwerkstätten und die Entsorgung. Die Summe liegt somit eher im oberen Bereich; als Durchschnittswert werden hier zehn Tonnen CO_2 pro Fahrzeug angenommen. Setzt man zudem eine durchschnittliche Lebensdauer von zehn Jahren voraus, ergibt sich bei der aktuellen Pkw-Dichte von 0,57 Pkw pro Person ein jährlicher Ausstoß von ebenfalls 0,57 Tonnen pro Jahr.

Ein Elektroauto liegt trotz der erforderlichen Lithiumionenbatterie nicht wesentlich höher, da andere, ebenfalls ressourcenintensive Bauteile des Verbrennungsmotors entfallen. Wenn ein Mittelklasse-Pkw mit 1400 Kilogramm Gesamtgewicht durch einen Kleinwagen mit Elektroantrieb (1100 Kilogramm) ersetzt wird, war die Gesamtemission bei der Herstellung sogar etwas geringer. Allerdings: Je größer die Reichweite, umso höher die Emission bei der Herstellung der Batterie. Ein Tesla S mit 2000 Kilogramm Leergewicht und 70 Kilowattstunden Batteriekapazität ist mit einer Gesamtemission von etwa 17,5 Tonnen CO_2 schon ein echtes Schwergewicht.

Sowohl Fahrräder als auch E-Bikes sind bezüglich der Produktionsemission vernachlässigbar. Motorräder müssen zwar mit ein bis zwei Tonnen veranschlagt werden (bei zehn Jahren Lebensdauer 0,1 bis 0,2 Tonnen pro Jahr), die vergleichsweise geringe Anzahl führt aber zu keiner relevanten Erhöhung des europäischen Mittelwerts. Die durch den gesamten Fahrzeugbesitz verursachte CO_2-Emission ist mit durchschnittlich 0,6 Tonnen pro Jahr nur geringfügig höher als die durch den Pkw-Besitz verursachte.

Auch Carsharing verbessert die CO_2-Bilanz

Der individuelle, personenbezogene Wert hängt davon ab, wie viele Fahrzeuge man besitzt. Beanspruche ich einen Pkw für mich alleine, liegt der Wert fast beim Doppelten des Durchschnitts, kommt eine vierköpfige Familie mit einem Auto aus, liegt er bei der Hälfte. Wer ein Fahrzeug beispielsweise mit Nachbarn teilt oder überhaupt kein eigenes Fahrzeug besitzt und stattdessen auf Carsharingangebote zurückgreift, verursacht sehr geringe Emissionen.

Gemessen am Aufwand, der für die Herstellung eines Autos betrieben werden musste, und daran, was es zu leisten im Stande ist, wird es im Durchschnitt sehr wenig genutzt – nur etwa drei Prozent der Zeit (*siehe auch Seite 66*). Eine intensivere Nutzung durch mehrere Personen verkürzt die Lebensdauer nicht: Autos werden in der Regel verschrottet, weil sie zu alt an Jahren sind und nicht, weil die Funktionstauglichkeit nicht mehr wirtschaftlich hergestellt werden kann. Die tatsächlichen Laufleistungen liegen meist deutlich unterhalb der technischen Möglichkeiten: Je nach Motor und Pflege können 200 000 bis 500 000 Kilometer erreicht werden.

Was spricht nun abseits der CO_2-Emission für oder gegen den Fahrzeugbesitz? Zunächst gilt: Besitz belastet. Versicherung, Wartung und Reparaturen, Autowäsche, Reifenwechsel: Um alles muss man sich kümmern, alles kostet Geld. Jährlich kostet ein Pkw durchschnittlich 6700 Euro, von der Finanzierung bis zum Benzin, von der Versicherung bis zu den Parkgebühren. Für diesen Betrag kann man sich täglich eine Taxifahrt über etwa zehn Kilometer leisten. Fährt man nur jeden zweiten Tag mit dem Taxi, ist zusätzlich eine Jahreskarte für öffentliche Verkehrsmittel drin sowie ein gutes E-Bike, die Carsharing-Grundgebühr, und es bleiben immer noch 2000 bis 3000 Euro übrig – jedes Jahr! Um Autowäsche und Winterreifen muss man sich auch nicht mehr kümmern. Klingt doch entspannt.

Ich kenne nun schon einige Leute, die ganz ohne eigenes Kraftfahrzeug auskommen. Sicher, leichter ist es in der Großstadt, aber auch im ländlichen Raum ist es möglich. In unserer vierköpfigen Familie besitzen wir noch ein Auto. Es wird von allen verwendet; Engpässe gibt es selten. Hin und wieder bediene ich mich eines elektrischen Leihautos; insbesondere die Kombination von Bahn und Mietwagen funktioniert in Österreich sehr unkompliziert. Übrigens: Gerade wenn man ein Elektroauto fährt, ist es hilfreich, für bestimmte Strecken ein Auto zu mieten. Wenn man sich für den Urlaub oder spezielle Transportfahrten die Größe des Autos aussuchen kann, genügt für das eigene Auto vielleicht ein Kleinwagen. All das kann in Summe sogar deutlich preiswerter sein.

CO$_2$-Emission durch Fahrzeugbesitz   in Tonnen pro Jahr

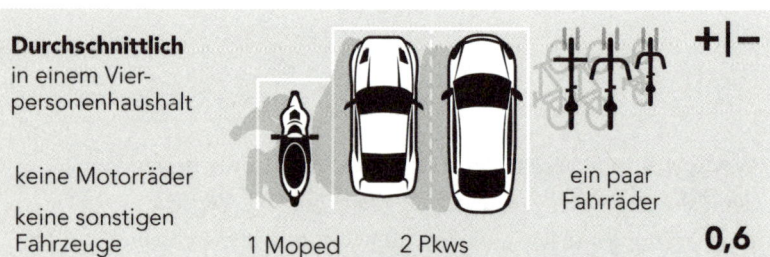

Durchschnittlich
in einem Vier-
personenhaushalt

keine Motorräder

keine sonstigen
Fahrzeuge

1 Moped   2 Pkws

ein paar
Fahrräder

+|−

0,6

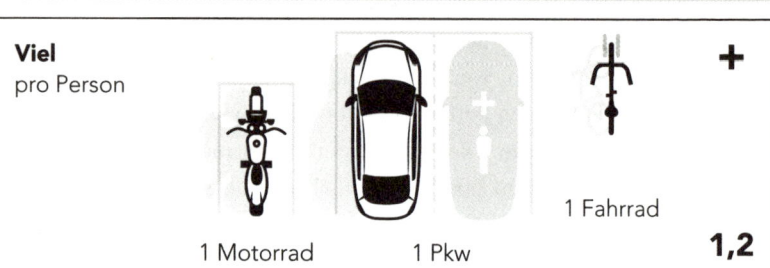

Viel
pro Person

1 Motorrad   1 Pkw

1 Fahrrad

+

1,2

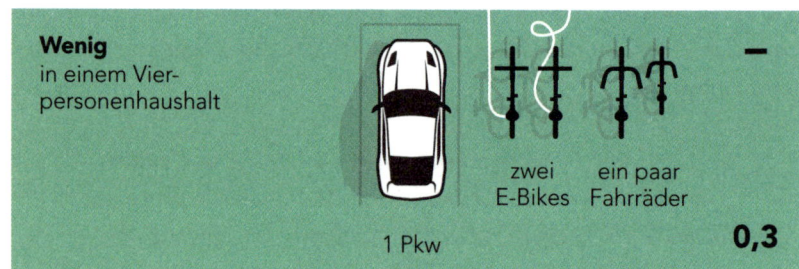

Wenig
in einem Vier-
personenhaushalt

1 Pkw

zwei
E-Bikes

ein paar
Fahrräder

−

0,3

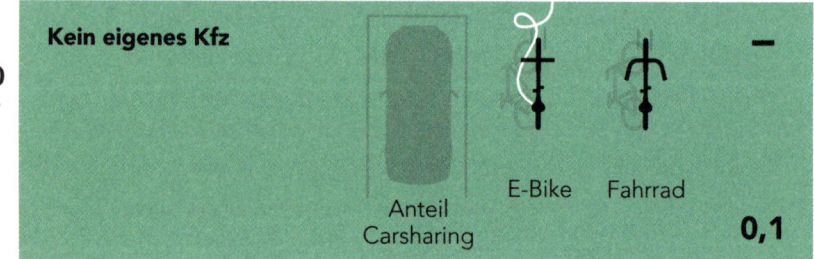

Kein eigenes Kfz

Anteil
Carsharing

E-Bike   Fahrrad

−

0,1

Ab wann lohnt sich ein neues Auto ökologisch?

Im Zusammenhang mit der Effizienzverbesserung stellt sich mitunter auch die Frage, ob sich die frühzeitige Anschaffung eines besseren Autos (und somit die frühzeitige Verschrottung des aktuellen Wagens) lohnt. Eine berechtigte Frage, da bei der Produktion beträchtliche CO_2-Emissionen verursacht werden. Die Antwort hängt von zwei Fragen ab:

▶ Wie hoch ist die jährliche Fahrleistung?

▶ Um wie viel effizienter wäre das neue Auto?

Verglichen wird die jährliche Emission des alten Autos mit der jährlichen Emission des neuen Autos, zuzüglich der Emission der Produktion des neuen Wagens, aufgeteilt auf die angesetzte Lebensdauer von zehn Jahren: Soll nun beispielsweise ein Fahrzeug mit einem Verbrauch von sechs Litern Benzin pro 100 Kilometer durch ein effizienteres mit 4,5 Liter pro 100 Kilometer ersetzt werden, lohnt sich das ökologisch nur bei einer hohen jährlichen Fahrleistung von 28 000 Kilometern oder mehr. Wird dasselbe durchschnittliche Fahrzeug durch ein Elektroauto mit einem Äquivalent von zwei Litern pro 100 Kilometer ersetzt, lohnt es sich bei einer Fahrleistung von knapp 10 000 Kilometern oder mehr.

Nur wenn man einen richtigen Spritfresser ersetzen kann, kommt das vorzeitige Ausrangieren schon bei kleineren Fahrleistungen infrage: 6000 Kilometer pro Jahr stellen den Kipppunkt für eine Verbesserung von zwölf auf fünf Liter pro 100 Kilometer dar. Liegt die Fahrleistung darüber, sollte man den Wagen aus ökologischer Sicht ersetzen.

Jährliche Fahrleistung
… ab der sich die vorzeitige Anschaffung des sparsamen Autos ökologisch lohnt

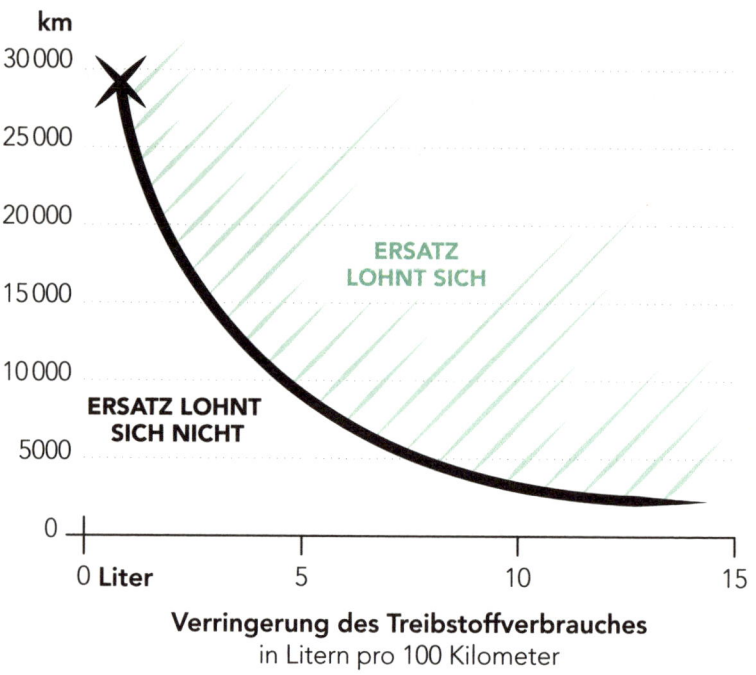

Verringerung des Treibstoffverbrauches
in Litern pro 100 Kilometer

Eine frühzeitige Neuanschaffung ist bei der Mehrzahl der Autos (Fahrleistung unterhalb von 12000 Kilometern pro Jahr) nur dann sinnvoll, wenn die Treibstoffeinsparung mindestens 3,5 Liter pro 100 Kilometer beträgt. Wenn das nicht der Fall ist, kann man den Neukauf aus ökologischer Sicht getrost verschieben.

Hintergrundinfo:
Effizienz und Erneuerbare in der Industrie
Etwa zwei Drittel des industriellen Energiebedarfs entfallen auf die Prozesswärme. Zu den größten Verbrauchern zählen die Branchen der Metallerzeugung und -bearbeitung,

der Mineralölverarbeitung sowie die Glas-, Keramik- und Papierindustrie. Aber auch in den meisten anderen Industrie- und Gewerbezweigen müssen technische Verfahren angewandt werden, um Material zu trocknen, Rohstoffe zu schmelzen und vieles mehr. Insgesamt wird fast ein Viertel der gesamten Endenergie in Deutschland für industrielle Zwecke bereitgestellt. Die Potenziale, etwa durch effizientere Wärmebereitstellung und Abwärmenutzung, aber auch durch erhöhte Recyclingquoten bei den Rohstoffen sind enorm: In verschiedenen Studien wurden insgesamt mögliche Einsparungen von 30 bis 50 Prozent ermittelt.

Auch Stromanwendungen sind in der Industrie von großer Bedeutung. Zum einen die Stromverbräuche in Gebäuden: In Büro und Verwaltung sind Lüftung, Klimatisierung, Beleuchtung und IT zu nennen. Zum anderen erfolgt auch die Produktion von Investitions- und Konsumgütern nie ohne Einsatz von elektrischer Energie: Wieder muss gelüftet und klimatisiert werden und für die Produktionsprozesse wird eine Vielzahl von motorgetriebenen Systemen eingesetzt (Kälteerzeugung, Flüssigkeitspumpen, Druckluft und vieles mehr). Auch hier liegt ein Einsparpotenzial durch Effizienzverbesserungen in der Größenordnung von 50 Prozent vor.

73

Für etwa die Hälfte der gesamten Prozesswärme, hauptsächlich in der Metall- und Glasindustrie, werden sehr hohe Temperaturen (>1000 °C) benötigt; diese können derzeit nur mittels Verbrennung eines Gases erzeugt werden. Biogas wäre geeignet, steht aber bei Weitem nicht in ausreichender Menge zur Verfügung. Um auf fossiles Erdgas verzichten zu können, muss mithilfe von erneuerbaren Energien synthetisches

Methan erzeugt werden. Das wiederum ist ein wichtiger Bestandteil des zukünftigen Energiesystems: Da die Erzeugung erneuerbarer Energie aus Sonne und Wind nicht steuerbar ist – sie passiert, wenn die Sonne scheint und wenn der Wind weht, ansonsten nicht –, müssen Überschüsse gespeichert werden können. Am wirtschaftlichsten erfolgt dies, indem ein Energieträger erzeugt wird, der ohnehin in dieser Form – nämlich gasförmig – benötigt wird.

Power-to-Gas: Wenn Photovoltaik- und Windkraftanlagen mehr Energie liefern, als gerade benötigt wird, kann zunächst durch Elektrolyse Wasserstoff erzeugt werden; der wiederum wird unter Zugabe von CO_2 methanisiert. Bei der Verbrennung des Methans wird das CO_2 wieder freigesetzt; insgesamt ist der Prozess mit Ausnahme von Hilfsenergien und Errichtungsaufwendungen aber CO_2-neutral. Die Speicherung und Verteilung des Gases kann problemlos über die vorhandene Erdgasinfrastruktur erfolgen. Die bestehenden Kavernen könnten Methan mit einem Energieinhalt von 250 Terawattstunden speichern, das ist deutlich mehr, als nach aktuellen Berechnungen benötigt wird.

KATEGORIE PRIVATE MOBILITÄT

Kennen Sie den Spritverbrauch Ihres Autos? Verwenden Sie hierzu wenn möglich nicht die Herstellerangaben, sondern den tatsächlichen mittleren Verbrauch: Wie groß ist eine Tankfüllung und wie weit kommen Sie damit? Für die Spalte »Elektroauto« ist der Strommix der gesamten Europäischen Union (EU-27) angesetzt. Ein individuell erhöhter Anteil erneuerbarer Energien oder die Verwendung von Ökostrom kann hier nicht abgebildet werden. Ganz zu Beginn werden zunächst die Emissionen aus dem öffentlichen Verkehr ermittelt.

START ↓

Öffentliche Verkehrsmittel (ohne Flugverkehr) Fahrstrecke pro Jahr in Kilometern	U-Bahn, Straßenbahn	Bus, Nahverkehr	Bus, Fernverkehr	Zug, Nahverkehr	Zug, Fernverkehr	Taxi
über 30 000	52	60	26	50	30	160
20 000 – 30 000	33	38	16	32	19	100
10 000 – 20 000	20	23	10	19	11	60
5000 – 10 000	10	11	5	9	6	30
2500 – 5000	5	6	2	5	3	15
1000 – 2500	2	3	1	2	1	7
500 – 1000	1	1	0	1	1	3
0 – 500	0	0	0	0	0	1
0	0	0	0	0	0	0

Pkw-Fahrten

Realer Spritverbrauch (100 km)

Fahrstrecke pro Jahr in Kilometern	**hoch** 8 Liter Diesel/9 Liter Benzin	**eher hoch** 7 Liter Diesel/8 Liter Benzin	**mittel** 6 Liter Diesel/7 Liter Benzin	**eher niedrig** 5 Liter Diesel/6 Liter Benzin	**niedrig** 4 Liter Diesel/5 Liter Benzin	**Elektroauto**
ALLEINE IM AUTO						
über 30 000	189	168	140	119	98	49
20 000 – 30 000	135	120	100	85	70	35
10 000 – 20 000	81	72	60	51	42	21
5000 – 10 000	41	36	30	26	21	11
2500 – 5000	20	18	15	13	11	5
1000 – 2500	9	8	7	6	5	2
500 – 1000	4	4	3	3	2	1
0 – 500	1	1	1	1	1	0
0	0	0	0	0	0	0
FAHRER PLUS BEIFAHRER						
über 30 000	95	84	70	60	49	25
20 000 – 30 000	68	60	50	43	35	18
10 000 – 20 000	41	36	30	26	21	11
5000 – 10 000	20	18	15	13	11	5
2500 – 5000	10	9	8	6	5	3
1000 – 2500	5	4	4	3	2	1
500 – 1000	2	2	2	1	1	1
0 – 500	1	1	1	0	0	0
0	0	0	0	0	0	0

Realer Spritverbrauch (100 km)

Fahrstrecke pro Jahr in Kilometern	hoch 8 Liter Diesel/9 Liter Benzin	eher hoch 7 Liter Diesel/8 Liter Benzin	mittel 6 Liter Diesel/7 Liter Benzin	eher niedrig 5 Liter Diesel/6 Liter Benzin	niedrig 4 Liter Diesel/5 Liter Benzin	Elektroauto
FAHRER PLUS 2 BEIFAHRER						
über 30 000	63	56	47	40	33	16
20 000 – 30 000	45	40	33	28	23	12
10 000 – 20 000	27	24	20	17	14	7
5000 – 10 000	14	12	10	9	7	4
2500 – 5000	7	6	5	4	4	2
1000 – 2500	3	3	2	2	2	1
500 – 1000	1	1	1	1	1	0
0 – 500	0	0	0	0	0	0
0	0	0	0	0	0	0
FAHRER PLUS 3 BEIFAHRER						
über 30 000	47	42	35	30	25	12
20 000 – 30 000	34	30	25	21	18	9
10 000 – 20 000	20	18	15	13	11	5
5000 – 10 000	10	9	8	6	5	3
2500 – 5000	5	5	4	3	3	1
1000 – 2500	2	2	2	1	1	1
500 – 1000	1	1	1	1	1	0
0 – 500	0	0	0	0	0	0
0	0	0	0	0	0	0

Fahrzeugbesitz

Die Ermittlung dieser Emission basiert – sofern nicht anders angegeben – auf einer mittleren Fahrzeug-Lebensdauer von zehn Jahren. Sollten Sie Ihr Fahrzeug deutlich länger nutzen, können die Punkte entsprechend reduziert werden (20 Jahre – halbe Punkteanzahl). Sollten sie mehrere Fahrzeuge einer Kategorie alleine besitzen und nutzen, bitte Punkte entsprechend multiplizieren.

| | Gewicht in Kilogramm | zum Beispiel | Im alleinigen Besitz | Gemeinsame Nutzung? | | | | |
				zu zweit	zu dritt	zu viert	zu fünft	zu sechst
PKW VERBRENNUNGS-MOTOR (INKL. HYBRID)	über 2000	Mercedes S-Klasse	38	19	13	9	8	6
	1500 – 2000	Audi A6	29	15	10	7	6	5
	1000 – 1500	VW Golf	21	10	7	5	4	3
	0 – 1000	Suzuki Swift	13	6	4	3	3	2
	0	kein PKW	0	0	0	0	0	0
ELEKTROAUTO	über 2000	Tesla Model X	38	19	13	9	8	6
	1500 – 2000	VW e-Golf	29	15	10	7	6	5
	1000 – 1500	Citroen C-Zero	21	10	7	5	4	3
	0 – 1000	Renault Twizy	13	6	4	3	3	2
	0	kein PKW	0	0	0	0	0	0
MOTORRAD	über 300	Harley Davidson	6	3	2	1	1	1
	200 – 300	Honda CBF 1000	4	2	1	1	1	5
	100 – 200	Kawasaki KLX 250	3	1	1	1	1	0

Gewicht in Kilogramm	zum Beispiel	im alleinigen Besitz	zu zweit	zu dritt	zu viert	zu fünft	zu sechst
0 – 100	Moped 50 ccm	1	1	0	0	0	0
0	kein Motorrad	0	0	0	0	0	0
Segelboot	Nutzungsdauer 30 – 50 Jahre	13	7	4	3	3	2
E-Bike	Nutzungsdauer 10 Jahre	1	1	0	0	0	0
Fahrrad	Nutzungsdauer 10 Jahre	1	0	0	0	0	0
Diverse	E-Scooter, Segway, …	1	0	0	0	0	0

Gemeinsame Nutzung?

SONSTIGE FAHRZEUGE

SUMME **PRIVATE MOBILITÄT:**

4   10   20   30   **42**   50   60   70   80 **84**

Bernhard lebt mit seiner Familie auf dem Land. Der Weg zur Arbeit ist ihm mit öffentlichen Verkehrsmitteln zu aufwendig, weshalb er die 13 Kilometer mit dem Auto zurücklegt. Da kommt übers Jahr einiges zusammen. Auch die Urlaubsreise nach Italien kann er sich ohne Auto nicht vorstellen – mit der ganzen Familie und dem vielen Gepäck (die Kilometerleistung darf er aber auf vier Köpfe verteilen, das fällt dann nicht so ins Gewicht). In seiner Freizeit versucht Bernhard aber, möglichst wenig im Auto zu sitzen: Am Wochenende ist er gerne mit dem Rennrad unterwegs und bei seinem Kegelabend im Dorf trinkt er schon mal zwei Bier – da lässt er das Auto dann lieber zu Hause. Verbleiben noch ein paar Besuche bei Verwandten und Freunden; insgesamt kommt er jedenfalls kaum auf 10 000 Kilometer im Jahr. In Bezug auf die Fahrleistung läge er damit genau im Durchschnitt, weil die vierköpfige Familie aber mit einem Auto auskommt, liegt er insgesamt etwas besser: 1,8 Tonnen pro Jahr.

1,8 TONNEN CO$_2$ PRO JAHR

Christina wohnt in einer Kleinstadt und arbeitet dort in der öffentlichen Verwaltung. Ihren Arbeitsweg, der zugegeben nur wenige Kilometer beträgt, bestreitet sie mit ihrem neuen Elektroauto. Auch sonst verwendet sie den wendigen

1,0 TONNEN CO$_2$ PRO JAHR

Flitzer gar nicht so selten – etwa um mit Freundinnen gemeinsam etwas zu unternehmen oder für den Einkauf. Größere Entfernungen legt sie – mit Ausnahme des Urlaubs – aber mit der Bahn zurück; in Summe bleibt die Autostrecke deshalb doch nur bei gut 4000 Kilometern pro Jahr. Die damit verbundene Emission ist sehr niedrig, weil sie sich aber zusammen mit ihrem Partner ein Auto leistet, liegt sie bezogen auf die Herstellemissionen »nur« im Durchschnitt. Gesamthafte Emission für diesen Bereich: 1 Tonne pro Jahr.

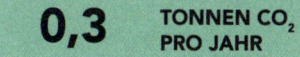

0,3   **TONNEN CO$_2$ PRO JAHR**

Anna hat leicht lachen: In der Großstadt braucht man nun wirklich kein eigenes Auto. Neben den Anschaffungs-, Treibstoff- und Werkstattkosten müsste man auch noch ein Vermögen für Parkgebühren ausgeben – nein, das lohnt sich einfach nicht. Außerdem ist man mit den Öffis ohnehin immer schneller. Und im Sommer bestreitet sie mehr oder weniger alle Wege mit dem Fahrrad. Mit dem eingesparten Geld könnte sie sich bei Fernreisen im Zug auch mal die erste Klasse leisten und alle zusätzlich nötigen Fahrten mit dem Taxi bestreiten.

Oft mietet sie sich aber für mittlere Strecken auch ein Elektroauto, sodass sie in Summe auch finanziell besser abschneidet als mit einem eigenen Auto. Das schönste aber: keine Autowäsche, keine Reifenwechsel, keine Werkstattbesuche, … Die Emissionen ihrer Mobilität sind minimal: Für alle Fahrten und die anteiligen Herstellemissionen der gemieteten Fahrzeuge fallen nur 0,3 Tonnen pro Jahr an.

Die CO$_2$-Bilanz im Hinblick auf die Mobilität verbessern – so geht's:

- mehr Zeit im Freien verbringen – zu Fuß, auf dem Fahrrad

- die Fitness steigern, regelmäßige Wege mit dem Fahrrad bestreiten und sich an seiner Gesundheit erfreuen

- das Fahrrad oder E-Bike zum Hauptverkehrsmittel machen

- Fahrten mit dem Pkw hinterfragen und beispielsweise

- für den Arbeitsweg Fahrgemeinschaften gründen oder

- längere Strecken mit Bus oder Bahn zurücklegen

- das Leben entschleunigen und Langsamkeit bewusst genießen

- Freizeitstress reduzieren, generell weniger verschiedene Orte aufsuchen, weniger Strecken zurücklegen und Erholung in der Nähe suchen

- jene Pkw-Fahrten, die man nicht vermeiden kann, mit einem Elektrofahrzeug zurücklegen

- die Mobilitätskosten reduzieren und mit weniger Fahrzeugen im Haushalt auskommen und vielleicht auch

- mit kleineren Fahrzeugen auskommen

- Fahrzeuge mit anderen teilen

- Fahrzeuge mieten statt besitzen

- sich generell an der Bewegung erfreuen

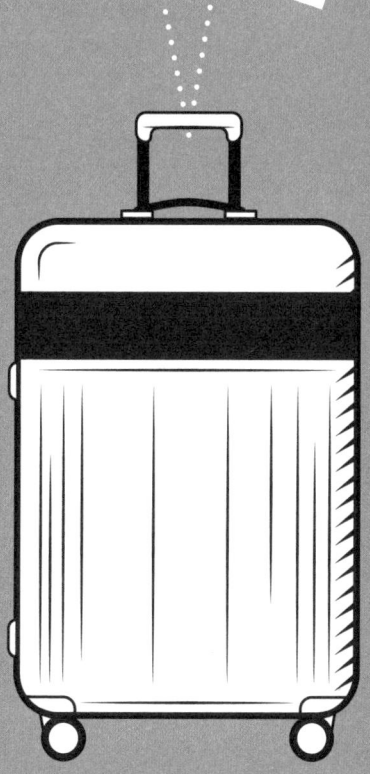

Urlaub
und Fliegen

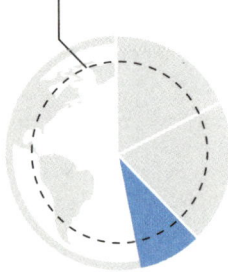

Reduktionsziel
durch Lebensstil

0,9 TONNEN

0,9 Tonnen für einen Durchschnittsbürger nur für den privaten Flugverkehr sowie Unterkunft und Verpflegung im Urlaub – viel oder wenig?

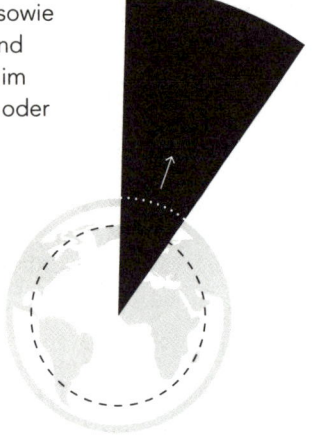

Wenig überraschend kann man hier fast auf **null reduzieren.**

Aber auch ganz heftig über die Stränge schlagen: **7 Tonnen** kann man erreichen, ohne groß aufzufallen!

Neben der Entfernung der Urlaubsdestination sind Verkehrsmittel und Unterkunft entscheidend für die Emissionen: Ein Wanderurlaub in einer Ferienwohnung in Berchtesgaden fällt fast ebenso wenig ins Gewicht wie der Campingtrip mit dem Fahrrad. Der Cluburlaub in Thailand und die Kreuzfahrt in der Karibik hingegen wirken sich drastisch aus. (Alle Werte gelten für eine Dauer von zwei Wochen.)

CAMPINGURLAUB
mit dem Fahrrad

CO$_2$-Emission
in Tonnen:

0,035

WANDERURLAUB
in Berchtesgaden,
zu viert mit dem Auto
von München aus

0,125

CLUBURLAUB
in Thailand

5,3

KREUZFAHRT
in der Karibik

5,7

Urlaub und Fliegen

Wie entspannt oder hektisch Flugreisen wahrgenommen werden, ist individuell verschieden. Will man aber an einen Ort reisen, der mehrere 1000 Kilometer entfernt ist, gibt es zum Fliegen kaum Alternativen. Ein anderes Land, vielleicht eine völlig andere Welt kennenzulernen ist auch etwas ganz Besonderes. Es kann bereichern, glücklich, demütig oder bescheiden machen. Aber muss es diese Häufigkeit an Fernreisen sein?

Ich fliege nicht gerne. Das Einchecken, die Sicherheitskontrollen, der Lärm im Flugzeug, das alles stresst mich viel mehr als eine Zugfahrt, auch wenn sie ein paar Stunden länger dauert. Den sommerlichen Familienurlaub traten wir nur ein einziges Mal mit dem Flugzeug an. Staus und Baustellen auf der Anfahrt zum Flughafen sorgten für Nervenkitzel, den ich zum Urlaubsbeginn nicht gebraucht hätte. Wir verloren so viel Zeit, dass wir wirklich in allerletzter Minute zum Check-in kamen. Seither kommt Fliegen nur infrage, wenn das Ziel einen großen Mehrwert gegenüber anderen, leichter zu erreichenden Zielen bietet. (Es wäre aber gelogen zu behaupten, dass die klimaschädliche Wirkung des Fliegens bei unserer Urlaubsplanung keine Rolle spielt.)

Mit dem Zug ist man von Bregenz am Bodensee in weniger als zehn Stunden in London: mit dem TGV von Stuttgart oder Zürich nach Paris und mit dem Eurostar unter dem Ärmelkanal durch. Obwohl wir beim Umsteigen in Paris eine defekte Metro erwischt hatten und dadurch die Reise erst eine Stunde später als geplant fortsetzen konnten, habe ich die Zugreise nach England wesentlich entspannter in Erinnerung als den Flug nach Sardinien.

Natürlich gibt es Grenzen, was die Urlaubsdestinationen anbelangt. Wir haben das Glück, dass wir sehr gerne in Europa Urlaub machen, insbesondere in Frankreich und Italien. Aber auch die Reisen nach Spanien und eben England waren ohne Flugzeug keine Zumutung.

Fliegen ist in Bezug auf die Treibhausgasemissionen einer der wenigen Lebensbereiche, bei dem die Reduktion mit keinem unmittelbaren Vorteil für uns verbunden ist, anders als bei der Ernährung oder der Mobilität. Weniger zu fliegen stellt einen Verzicht dar, der vordergründig mit keinem adäquaten Nutzen verbunden ist. Vielleicht ist das der Punkt, zur Kenntnis zu nehmen, dass es ganz ohne Verzicht nicht gehen wird. Nicht auf alle Flugreisen und nicht grundsätzlich auf Fernreisen. Aber vielleicht auf die alljährliche Reise nach Thailand oder in die Südsee.

Warum in die Ferne schweifen, ist das Schöne doch so nah?

Der französische Ökonom und Philosoph Serge Latouche schreibt in seinem Buch »Es reicht!« darüber, die Langsamkeit wieder genießen zu lernen, die nähere Umgebung zu erkunden und wertzuschätzen *(siehe Büchertipps auf Seite 206).*

Reisen an ferne Ziele, so Latouche, hätten früher auch viel mehr Abenteuer geboten – wirklich Neues kennenzulernen, begleitet von so manchen Unwägbarkeiten. Heute muss man sich fragen, wo denn dieses Neue, diese Abenteuer noch zu finden sind. Vielleicht mehr in der unmittelbaren Umgebung als im All-Inclusive-Urlaub in fernen Ländern? Vielleicht sogar zu Fuß oder per Fahrrad. Auch Regionen, die noch sehr verträglich mit der Bahn oder auch mit dem Pkw erreichbar sind, bieten so viel Neues und Interessantes, dass man in einem Leben gar nicht in der Lage ist, alles kennenzulernen.

Aber wieder gilt: Wenn ein junger Mensch nach seiner Ausbildung eine andere Kultur in einem fernen Land kennenlernen möchte, kann das durchaus so wertvoll sein, dass der Schaden dieser einmaligen Emission durch die gewonnenen Erlebnisse und Erfahrungen mehr als kompensiert wird. Frei nach Paracelsus: »Die Dosis macht das Gift!«

War das Fliegen über Jahrtausende ein Menschheitstraum, gleicht es heute eher einem »Überdruckventil« unserer Gesellschaft. Bis zum lang ersehnten Urlaub erhöht sich der Druck bei der Arbeit (es muss ja alles fertig werden) und oft auch in den Beziehungen (Stress pur bis zur Abreise); endlich kann er – flugs – abgelassen werden. Und zwar im wahrsten Sinne des Wortes, wie uns die weithin sichtbaren Kondensstreifen am Himmel zeigen.

Dieser Wasserdampf ist übrigens mitverantwortlich dafür, dass der Treibhauseffekt und die Klimaerwärmung durch den Flugverkehr in noch stärkerem Maße vorangetrieben werden, als es durch die bloße CO_2-Emission zu erwarten wäre.

Der CO_2-Ausstoß selbst liegt bei Kurzstreckenflügen (weniger als 800 Kilometer), die durch den hohen Anteil von Start- und Landephase besonders ineffizient sind, bei rund 0,2 Kilogramm pro Personenkilometer. Durch die Emission in einigen Tausend Metern Höhe entsteht aber ein zusätzlicher Treibhauseffekt durch Kondensstreifen und Schleierwolken, aber auch durch die Bildung von Ozon. Wie stark der Treibhauseffekt zunimmt, hängt von vielen Einflüssen ab. Für den sogenannten Radiative Forcing Index (RFI) werden Werte zwischen zwei und fünf genannt, der Weltklimarat IPCC (Intergovernmental Panel on Climate Change) hat einen Faktor von 2,7 festgelegt. Der Treibhauseffekt unseres Kurzstreckenflugs steigt dadurch auf 0,55 Kilogramm CO_2-Äquivalent pro Personenkilometer an. Mittelstreckenflüge (zwischen 800 und 3000 Kilometern) verursachen ein CO_2-Äquivalent von etwa 0,34, Langstreckenflüge ein Äquivalent von 0,25 Kilogramm pro Personenkilometer.

Auch die Infrastruktur für den Flugverkehr stellt uns vor Probleme

Noch nicht berücksichtigt sind die Aufwendungen für den Bau der Flugzeuge und Flughäfen sowie deren Betrieb. Zürich Kloten, ein im europäischen Maßstab mittelgroßer Flughafen, besitzt eine Nettonutzfläche von knapp 1,3 Millionen Quadratmetern. Auf dieser Fläche sind unter anderem 20 000 Parkplätze untergebracht und rund 27 000 Menschen sind für verschiedene Arbeitgeber tätig. Neben den 1,6 Milliarden Litern Kerosin werden jährlich noch viele weitere Ressourcen benötigt, unter anderem 1,4 Millionen Liter Enteisungsmittel (Glykol). Der Flughafen muss mit Wärme und elektrischer Energie versorgt werden, hierfür werden jährlich über 500 Millionen

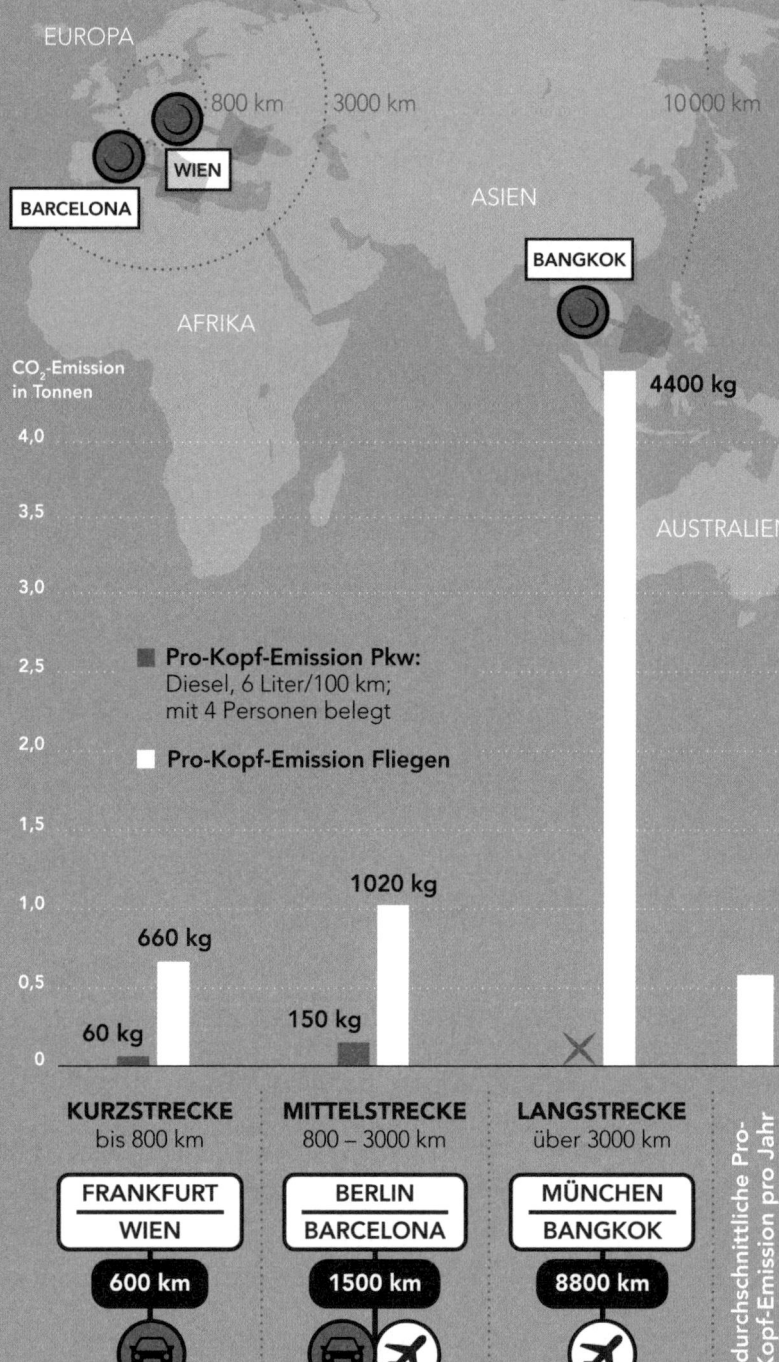

EUROPA

800 km   3000 km   10 000 km

WIEN

BARCELONA

ASIEN

BANGKOK

AFRIKA

CO₂-Emission
in Tonnen

4,0

3,5

AUSTRALIEN

3,0

2,5

■ Pro-Kopf-Emission Pkw:
Diesel, 6 Liter/100 km;
mit 4 Personen belegt

2,0

□ Pro-Kopf-Emission Fliegen

1,5

4400 kg

1020 kg

1,0

660 kg

0,5

150 kg

60 kg

0

KURZSTRECKE
bis 800 km

MITTELSTRECKE
800 – 3000 km

LANGSTRECKE
über 3000 km

durchschnittliche Pro-
Kopf-Emission pro Jahr

FRANKFURT
WIEN

BERLIN
BARCELONA

MÜNCHEN
BANGKOK

600 km

1500 km

8800 km

Kilowattstunden Primärenergie aufgebracht. Damit könnten rund 35 000 Wohnungen mit Wärme und Strom versorgt werden.

Durch den stetigen Anstieg des Flugverkehrs werden immer mehr und größere Flughäfen erforderlich. Mit der Größe nimmt aber auch die Komplexität zu. Dass hier Grenzen des Machbaren erreicht werden können, zeigt der Flughafen Berlin-Brandenburg, dessen Spatenstich im Oktober 2006 erfolgte. Die Eröffnung war ursprünglich für 2011 geplant, wurde aber seither immer wieder verschoben und wird jetzt für 2020 oder 2021 erwartet. Die von der Flughafengesellschaft zu tragenden Kosten für die Verzögerung werden mit rund einer Million Euro beziffert – pro Tag! Die Gesellschafter der Flughafengesellschaft sind wiederum die Länder Berlin und Brandenburg sowie der Bund – letztlich also wieder eine Angelegenheit für den Steuerzahler.

Es sind also neben den eigentlichen treibhauswirksamen Emissionen des Flugverkehrs noch viele andere ökologische Aufwendungen zu berücksichtigen. Der Löwenanteil, gut 90 Prozent, wird jedoch durch den Flug selbst verursacht, weshalb sich die Quantifizierung hier darauf beschränkt.

Zumindest muss aber noch erwähnt werden, dass der Flugverkehr neben dem oft vermeintlichen Gewinn an Lebensqualität für Millionen von Menschen auch massiv verschlechterte Lebensbedingungen mit sich bringt – man denke nur an die lärmgeplagten Anwohner von großen Flughäfen: In Frankfurt starten und landen jeden Tag mehr als 1000 Flugzeuge.

CO$_2$-Emission durch Flugverhalten

in Tonnen pro Jahr

Regelmäßig +|−

jährlich eine Mittelstreckenreise
2 x 1500 km (Hin- und Rückreise) **1,0**

Sehr viel +

jährlich eine Langstreckenreise
2 x 6000 km

sowie drei Kurzstreckentrips
2 x 600 km

5,0

Ausnahmsweise −

Alle zehn Jahre eine
Mittelstreckenreise
2 x 1500 km

Viel +

jährlich eine Mittelstreckenreise
2 x 1500 km

sowie zwei Kurzstreckentrips
2 x 600 km

2,3 **0,1**

Nie −

Keine Flüge **0,0**

In dieser Grafik fehlt die sonst immer ganz oben angeführte Darstellung des durchschnittlichen Mitteleuropäers, weil ein solches Verhalten eigentlich nicht definiert werden kann. Der Durchschnittswert für Langstreckenflüge läge bei etwa 1000 Kilometern pro Jahr und Person; bei einem Langstreckenflug werden aber mindestens 3000 Kilometer zurückgelegt. Dies kommt daher, dass ein Großteil der Menschen gar keine Langstreckenflüge vornimmt und ein ebenfalls beträchtlicher Teil der Menschen überhaupt nicht fliegt.

Zu beachten ist, dass hier ausschließlich der private Flugverkehr betrachtet wird; geschäftliche Reisen sind dem Produkt, das vom jeweiligen Unternehmen erzeugt wird, zugeordnet (oder der entsprechenden Dienstleistung). Der Durchschnittswert von 0,6 Tonnen pro Jahr trügt also: Er wird, wie schon erwähnt, von der relativ großen Gruppe von Menschen nach unten gedrückt, die nie oder fast nie fliegen.

Gegenüber dem Durchschnittswert kann man hier also nicht sehr viel gutmachen. Umgekehrt reicht ein ungünstiges Flugverhalten, um all seine anderen Bemühungen im Hinblick auf die persönliche CO_2-Bilanz zunichtezumachen.

Hintergrundinfo:
Effizienz und Erneuerbare beim Fliegen

Im Flugverkehr sind große Effizienzsprünge leider nicht in Sicht. Die Treibstoffkosten sind für die Fluggesellschaften ohnehin ein so wesentlicher Kostenfaktor, dass schon aus betriebswirtschaftlichen Gründen auf höchste Effizienz nicht verzichtet wird. Wie dem Nachhaltigkeitsbericht der Lufthansa aus dem Jahr 2011 zu entnehmen ist, wurde der spezifische Kerosinverbrauch in den letzten 20 Jahren um etwa ein Drittel gesenkt. Auch für die Zukunft muss man sich damit begnügen, Effizienzgewinne von wenigen Prozenten pro Jahr zu erzielen.

Wie sieht es nun mit den Erneuerbaren beim Fliegen aus? Biotreibstoffe aus Energiepflanzen werden bereits produziert, stellen aber aus ökologischen und vor allem ethischen Gründen einen Irrweg dar: Die erforderlichen Flächen, um den Flugverkehr mit solchem Treibstoff zu versorgen, stehen einfach nicht zur Verfügung. Der Streit um das »Brot im Tank« würde vollends entbrennen: Von der Lebensmittelverknappung und damit Verteuerung wären vor allem die Ärmsten der Weltbevölkerung betroffen. Außerdem ist die Emission bei Verbrennung in Flughöhe treibhauswirksamer als in Bodennähe (siehe Seite 89). Dasselbe gilt für flüssige Kraftstoffe, die mit Strom aus Erneuerbaren produziert werden (Power-to-Liquid). Das CO_2 würde bei der Herstellung des Flüssiggases zwar der Atmosphäre entnommen, die Verbrennung in Flughöhe verstärkt den Treibhauseffekt aber um den Faktor 2,7.

Eventuell kann ein Teil der Kerosinemission eliminiert werden, indem Kurz- und vielleicht auch Mittelstreckenflüge elektrisch angetrieben werden. Die Energie könnte in Form von Wasserstoff, der zuvor mithilfe von erneuerbaren Energien erzeugt wurde, gespeichert werden. Der Großteil des Flugverkehrs wird aber noch längere Zeit auf die Verwendung von Kerosin angewiesen sein. Umso wichtiger ist hier also eine bewusste Entscheidung für einen möglichst CO_2-armen Lebensstil.

Im Urlaub CO_2 sparen – so geht's

Doch kommen wir nun zum Urlaub selbst. Welche CO_2-Emissionen entstehen durch Übernachtung und Verpflegung am Urlaubsort? Spielt es eine Rolle, ob ich im Luxusresort relaxe oder als Backpacker mit meinem eigenen Zelt unterwegs bin? Auf die gesamte Bevölkerung bezogen, sind die Emissionen in diesem Bereich nicht sehr hoch – wie beim Fliegen kann hier gegenüber dem Durchschnitt nicht viel eingespart werden. Nach oben hin sind dem Verbrauch allerdings kaum Grenzen gesetzt. Es überrascht nicht, dass auf einem Campingplatz wesentlich weniger CO_2-Emissionen verursacht werden als in einem Fünf-Sterne-Luxushotel. Jede Einrichtung, die als Unterkunft dient, muss gebaut, erhalten, beheizt und oft auch klimatisiert werden. Letzteres speziell in südlichen Gefilden, ganz besonders aber in Ländern mit tropischem Klima. Hallenbad und Wellnessbereich benötigen Energie, Reinigung und Wäsche wirken sich ebenfalls auf die CO_2-Bilanz aus. Auch der Aufwand für ein reichhaltiges Buffet ist nicht zu unterschätzen: Alleine die zwangsläufig bereitzustellenden Übermengen sorgen für eine ungünstige Bilanz - bis zu 20 Kilogramm pro Person und Tag müssen hierfür veranschlagt werden. Für »Essen wie zuhause«, am Campingplatz oder in der Ferienwohnung, ist hingegen gar nichts zu veranschlagen.

Am besten kann man mit Einfachheit punkten, wie der Grafik auf der nächsten Seite zu entnehmen ist. Angegeben ist die Emission pro Nächtigung und Person - bis zu 150 Kilogramm CO_2 fallen hierfür an! Eine dreiwöchige Kreuzfahrt ist mit bis zu drei Tonnen CO_2 somit ein richtiges Emissionsschwergewicht.

Da sich die Unterkünfte auch in ihrem Energiestandard deutlich unterscheiden, sind für jede Kategorie Von-bis-Werte angegeben. Ein geringer Energieverbrauch zählt noch sehr selten zu den vermarkteten Qualitäten eines Hotels, doch langsam nimmt die Anzahl an Öko-, Bio- oder auch Passivhausunterkünften zu. In diesem Fall kann man sich an den niedrigeren Werten orientieren.

Unterkunft

Kilogramm CO_2 pro Nacht und Person

von — bis

CAMPINGPLATZ | 0 — 5

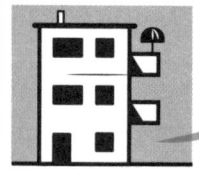

FERIENWOHNUNG | 5 — 10

★★★
EINFACHES HOTEL
nicht klimatisiert | 10 — 20

★★★★
VIER-STERNE-HOTEL
klimatisiert | 20 — 40

★★★★
VIER-STERNE-HOTEL
klimatisiert mit
SPA-Bereich | 40 — 80

★★★★★
FÜNF-STERNE-LUXUSHOTEL
Kreuzfahrtschiff | 80 — 150

Aber Achtung: Fast die Hälfte unserer Bevölkerung unternimmt keine Urlaubsreise. Menschen, die noch nicht oder nicht mehr reisen können oder wollen - oder es sich schlicht nicht leisten können. Mit *Durchschnitt* ist also in der folgenden Grafik nicht der durchschnittliche Urlauber gemeint, sondern der Durchschnitt aller Bürger. Wäre es nicht schön, man könnte sich etwas mehr Urlaub leisten, auch wenn er dafür etwas einfacher ausfällt? Ökologisch spricht wenig dagegen.

CO_2-Emission durch Urlaubstyp
in Tonnen pro Jahr

Durchschnitt +|−
Zwei Wochen Spanien
im einfachen Hotel **0,3**

Durchschnittlicher Urlauber +
Zwei Wochen Spanien im klimatisierten Hotel
Drei Tage Kurzurlaub im Wellnesshotel **0,6**

Aufwendig +
Zwei Wochen Thailand
im klimatisierten Wellnesshotel

Eine Woche
Mittelmeer-Kreuzfahrt

2,0

Einfach −
Zwei Wochen Sommer-,
eine Woche Winterurlaub,
jeweils in der Ferienwohnung,
hin und wieder auswärts essen

0,2

Sehr einfach, dafür länger −
Drei Wochen am Campingplatz
Eine Woche in der Ferienwohnung **0,1**

Abgrenzung: In dieser Betrachtung sind jeweils nur Übernachtung und Essen enthalten. Anreise und sportliche Aktivitäten werden in den jeweiligen Kapiteln betrachtet.

Hintergrundinfo:
CO_2-Emissionen kompensieren

Es gibt eine Reihe von Anbietern, die Kompensationen von CO_2-Emissionen vornehmen. Man kann – oft online – berechnen, welche Emission durch einen Flug, eine Autofahrt oder durch eine Aktivität insgesamt entsteht. Mit einem bestimmten Geldbetrag ist es dann möglich, diese Emission zu kompensieren: Das Geld wird in ein Projekt investiert, das an anderer Stelle einen Beitrag zur Klimastabilisierung leistet. Diese Methode ist nicht ganz unumstritten; von Freikauf und Ablasshandel ist die Rede. Häufig fehle es auch an Transparenz – denn kann man sich wirklich sicher sein, dass die geleistete Zahlung den versprochenen Effekt bringt?

Die Sinnhaftigkeit einer solchen Kompensationszahlung hängt vor allem davon ab, ob sie Teil einer Gesamtstrategie ist: Wenn wir weiterhin auf Teufel komm raus Treibhausgase emittieren und glauben, mit Kompensation sei die globale Erwärmung zu stoppen, dann täuschen wir uns. Zur breiten Anwendung taugt diese Strategie nicht, weil Kompensationsprojekte beziehungsweise Kompensationsmöglichkeiten nicht in diesem Umfang vorhanden sind. Das Motto kann allenfalls lauten: Emissionen vermeiden, reduzieren und erst dann – einen kleinen Rest – kompensieren. Wobei »kompensieren« in diesem Zusammenhang zweierlei bedeuten kann: In der Regel wird darunter das Reduzieren von Emissionen an anderer Stelle gemeint. Also der Ausbau von erneuerbaren Energien, um die Emission der fossilen Brennstoffe zu reduzieren, die Erhöhung von Effizienz, Investitionen in Elektromobilität und so weiter. Eine Kompensation im echten Sinn liegt dann vor, wenn die CO_2-Emission von der Natur aufgenommen werden kann.

Man spricht dann von Natural Climate Solutions (NCS). Darunter versteht man zum Beispiel die Sanierung von Böden mithilfe von Biokohle (siehe Seite 39), die Renaturierung von Mooren, Aufforstungen und auch das Verhindern von Großrodungen. Bilanziell haben diese beiden Strategien denselben Effekt; langfristig muss der Umstieg auf erneuerbare Energien aber ohnehin erfolgen und irgendwann auch abgeschlossen sein. Spätestens dann wird sich die Möglichkeit der Kompensation auf NCS-Projekte beschränken.

Dennoch stellt sich auch die Frage: Sollen hier, lokal oder regional, Projekte forciert werden, um die Energiewende in Form eines Bürgerkraftwerks voranzutreiben? Oder besser eine Solaranlage für ein Krankenhaus in Kamerun ermöglichen, um auch gleich noch Entwicklungshilfe zu leisten? Und NCS-Projekte stehen ebenfalls zur Debatte. Eine eindeutige Empfehlung ist hier nicht möglich. Wichtig ist nur, sich mit Kompensationen nicht freizukaufen, sondern damit einen bewussten Beitrag zu leisten: Für jene Emissionen, die nicht vermieden werden können, soll an anderer Stelle eine Initiative unterstützt werden. Die Kosten für solche Kompensationen sind übrigens gering: Meist wird die Tonne CO_2 um 15 bis 25 Euro gehandelt. Eine Person mit Durchschnittsemission müsste also etwa 240 Euro pro Jahr berappen; wer mit sechs Tonnen auskommt, braucht nur noch zehn Euro im Monat, um sich klimaneutral fühlen zu dürfen.

MEERSCHWEINCHEN-TEST:

KATEGORIE URLAUB UND FLIEGEN

Bitte beachten Sie, dass hier nur die privaten Flüge von Bedeutung sind. Geschäftlicher Flugverkehr muss dem zugrunde liegenden Produkt und damit dem einzelnen Konsumenten zugeordnet werden. Bitte beachten Sie außerdem, dass jeder Flug einzeln gewertet wird; eine Hin- und Rückreise stellt also zwei Flüge dar.

START

Flüge

	Flugdistanz, ein Weg	zum Beispiel	Anzahl der Flüge pro Jahr					
			1	2	3	4	5	6
KURZ	0 – 600	Berlin – München	5	11	16	21	27	32
	600 – 800	München – Rom	7	13	20	27	34	40
MITTEL	800 –1.500	Berlin – Rom	10	20	30	40	49	50
	1500 – 2000	Hamburg – Madrid	13	26	39	52	65	78
	2000 – 3000	München – Tel Aviv	17	33	50	66	83	99
LANG	3000 – 4500	Berlin – Fuerte Ventura	23	45	68	90	113	135
	4500 – 6000	Hamburg – Sanaa, Yemen	28	57	85	113	142	170
	6000 – 9000	Frankfurt – Dominikanische Republik	36	72	108	144	180	216
	über 9000	Frankfurt – Buenos Aires, Argentinien	48	97	145	194	242	290

Urlaub – Unterkunft und Verpflegung

	zum Beispiel	Anzahl der Tage					
		3	5	7	10	14	20
UNTERKUNFT	Campingplatz	0	0	0	1	1	1
	Ferienwohnung	0	1	1	2	2	3
	Pension oder einfaches Hotel, nicht klimatisiert	1	2	2	3	4	6
	Vier-Sterne-Hotel, klimatisiert, Frühstücksbuffet	2	3	4	6	8	13
	Vier-Sterne-Hotel, klimatisiert, Frühstücksbuffet, mit Spabereich	4	6	8	12	17	25
	Fünf-Sterne-Luxushotel oder Kreuzfahrtschiff	7	12	16	23	32	48
ESSEN / VERPFLEGUNG	wie zu Hause	0	0	0	0	0	0
	Frühstücksbuffet, bio	0	0	0	1	1	1
	Frühstücksbuffet	0	1	1	1	1	2
	Abendessen Halbpension (Menü)	1	1	1	2	3	4
	Abendessen à la carte	1	1	2	3	4	5
	Abendessen Buffet	1	2	2	3	4	6

SUMME **URLAUB UND FLIEGEN:**

| 2 | 18 | 30 | 40 | 50 | 60 | 70 | 80 | 90 | 100 | 114 |

CHRISTINA
43

1,6 TONNEN CO$_2$
PRO JAHR

Einmal im Jahr in den Süden, so richtig weit unten, das muss sein. Ein kleines, feines Hotel am Strand mit einer kleinen, feinen Bioküche. **Christina** hat dieses spezielle Hotel vor Jahren entdeckt, seither genießen sie und ihr Freund das herrliche kulinarische (vegane) Angebot. Das klimatisierte Hotel hat seinen Preis, trotz Strandnähe gibt es einen eigenen Pool und es ist insgesamt sehr sauber. Na ja, und da kommt man eben nur mit dem Flugzeug hin. Obwohl Christina um die ökologischen Aufwände dieses Urlaubs weiß, darauf möchte sie nicht verzichten. Ebenso wenig auf die drei Tage Kurzurlaub in einem Wellnesstempel im Winter. Wenn es draußen so schmuddelig ist, kurz einmal richtig Wärme aufsaugen. Man gönnt sich ja sonst nichts. Die damit verbundenen Emissionen liegen mit 1,6 Tonnen weit über dem Durchschnitt. Ob sich das ausgeht?

BERNHARD
52

0,4 TONNEN CO$_2$
PRO JAHR

Die Urlaubsreise nach Italien stellt bei **Bernhards** Familie einen jährlichen Fixpunkt dar. Das nette Dorf an der Adria hat es ihnen angetan, als die Kinder noch klein waren. Dort belegen sie seit Jahren dieselbe Ferienwohnung, genießen Meer und Strand, Essen und Wein. Auch wenn man sich immer noch genauer überlegen muss, wie man staufrei ans Ziel gelangt, für Bernhard kommt derzeit kein anderes Verkehrsmittel als das Familienauto infrage. Meist leisten sie sich im Winter auch noch ein paar gemeinsame Skitage, dann mieten sie sich eine Ferienwohnung für die ganze Familie. Ganz ohne Fliegen geht's aber nicht: Alle paar Jahre gönnen sich Bernhard und seine Frau eine Flugreise an einen Ort, der für andere Verkehrsmittel zu weit entfernt ist. In zwei Jahren steht Lissabon auf dem Programm, da freuen sie sich jetzt schon. Emissionstechnisch schneidet Bernhard insgesamt gar nicht so schlecht ab: 0,4 Tonnen pro Jahr, das kann sich noch sehen lassen.

ANNA
32

0,1 TONNEN CO$_2$ PRO JAHR

Anna fliegt nie. Früher noch hin und wieder, aber seit einigen Jahren ist sie auf den Geschmack gekommen, »denn das Gute liegt so nah«. Wobei sie unter »nah« nicht den Umkreis von 100 Kilometern versteht. Mit der Bahn bereist sie jedes Jahr ein neues Land oder eine neue Region Europas. Die Liste der Städte, die sie noch kennenlernen möchte, ist lang. Genächtigt hat sie schon auf alle mögliche Arten: Couchsurfing, einfache Bed-and-Breakfast-Unterkünfte, bei Barcelona war sie auch schon auf dem Campingplatz – da gab es einen kostenlosen Busservice ins Zentrum. Ein Stück weit hat sie sich aus Überzeugung für diese Art des Reisens entschieden, weil sie um die Klimaschädlichkeit des Fliegens weiß. Sie hat aber auch die Qualitäten eines solchen Urlaubs schätzen gelernt: Die Erholung beginnt schon auf der Reise und nicht erst nach den ersten paar Urlaubstagen ... In punkto Emission könnte es kaum besser sein: 0,1 Tonnen pro Jahr für dieses Segment.

Die CO_2-Bilanz im Hinblick auf Urlaubsreisen verbessern – so geht's:

- aus einer Fernreise etwas ganz Besonderes machen, das man sich nur alle 10 Jahre einmal gönnt

- neue Regionen in der unmittelbaren Umgebung kennenlernen

- Urlaubsdestinationen im Umkreis von 1500 Kilometern wählen

- Strecken innerhalb Europas mit dem Reisebus, dem Zug, mit der Fähre oder auch dem gut belegten Privat-Pkw zurücklegen und so

- Flugkilometer auf ein Minimum reduzieren

- das Urlaubsbudget schonen und den Campingplatz dem klimatisierten Hotel vorziehen

- eine Ferienwohnung mieten und im Urlaub öfter selber kochen

- bei Hotelaufenthalten Passivhaus-, Öko- und Biohotels den Vorzug geben

- bei Hotelaufenthalten Zimmerreinigung und frische Wäsche nur beanspruchen, wenn es wirklich nötig ist

- auf Kreuzfahrten verzichten

- sich vielleicht mehr Urlaub gönnen, dafür die Einfachheit genießen

Freizeit, Sport und Haustiere

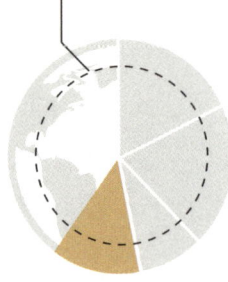

Reduktionsziel
durch Lebensstil

1,3 TONNEN

Mehr als zehn Prozent der Emissionen – immerhin 1,3 Tonnen – gehen auf dieses Konto.

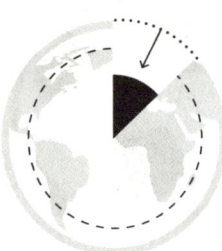

Darin sind Pauschalbeträge enthalten, denen man sich kaum entziehen kann: **0,4 Tonnen stellen das Minimum dar.**

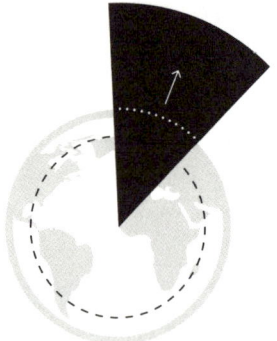

Nach oben hingegen sind wieder kaum Grenzen gesetzt: **Vielleicht fünf Tonnen?** Ohne mit der Wimper zu zucken!

Die technischen Möglichkeiten und das Überangebot von Energie treiben seltsame Blüten: Wir können uns mit dem Helikopter auf den Gipfel fliegen lassen, mit den Skiern nach unten fahren, uns erneut nach oben fliegen lassen und so weiter, den ganzen Tag lang. Dabei vergessen wir manchmal, wie viele schöne Freizeitbeschäftigungen es gibt, die vielleicht gar keine Emissionen verursachen.

Freizeit, Sport und Haustiere

Tanzen zum Beispiel. Tanzen kann man vor Freude, alleine, zu zweit oder in der Gruppe. Tanzen erfreut Kinder ebenso wie alte Menschen. Tanzen geht mit und ohne Musik – einfach, um einem Gefühl, einer Stimmung Ausdruck zu verleihen oder auch um sich mit perfekt einstudierten Bewegungsabläufen an heißen Rhythmen zu erfreuen. Im Rahmen eines Seminars hat uns der Trainer den Vorschlag gemacht, den Müll tanzend vors Haus zu tragen. Es ist viele Jahre her, aber es fällt mir fast bei jedem Müllsack ein. Und dann tanze ich, zumindest in Gedanken. (Was denken die Nachbarn?) Aber probieren Sie mal. Das lässt den Alltag weit weg erscheinen und die täglichen Sorgen klein. Tanzen erhebt. Ach ja, und Tanzen verursacht kein CO_2.

In diesen unterschätzten Bereich fließen im Mittel weitere 1,3 Tonnen pro Jahr – über zehn Prozent der gesamten CO_2-Emissionen. Dabei verfolgen die wenigsten von uns nur ein Hobby, das dafür verantwortlich ist. Vielmehr gehen die meisten Menschen einer Reihe von Freizeitaktivitäten nach, die alle mehr oder weniger Wirkung zeigen, was sich dann beachtlich aufsummiert.

Beispiele? Um Skifahren zu können, müssen nicht nur Skilifte elektrisch betrieben werden – die Beschneiung der Pisten verschlingt oft noch mehr Energie und Pistenraupen schlucken eine Menge Diesel. Auch ein Fitnesscenter wird beheizt und mithilfe von elektrischer Energie beleuchtet und belüftet. Kann man denn wenigstens klimaneutral Fußball spielen? Nicht ganz: Die Ressourcen für die Errichtung des Klubheims und dessen Energieversorgung müssen sich die Fußballer in den ökologischen Rucksack packen.

Viele Sportarten und andere Freizeitbetätigungen kommen aber (fast) ohne materielle Hilfsmittel aus. So manches Hobby hilft sogar, an anderer Stelle Emissionen einzusparen: Was ein Heimwerker selbst anfertigt oder repariert, muss nicht industriell produziert werden, wer sich selbst ein Kleid näht, muss es nicht aus China importieren.

Der relativ hohe Durchschnittswert liegt zum einen an der Vielzahl von Freizeitaktivitäten, zum anderen an bestimmten Pauschalbeträgen, die angesetzt werden müssen, sofern man die Teilnahme an der modernen Welt nicht vollständig verweigert: Film und Fernsehen verursachen ebenso relevante CO_2-Emissionen wie das Internet. Die Serverfarmen von Google und Co. müssen zumindest zur Hälfte der privaten Unterhaltung aufgebürdet werden. Durch Vermeidung von sehr emissionsreichen Aktivitäten kann die Belastung aber dennoch halbiert werden. Da die in diesem Kapitel behandelten Möglichkeiten so vielfältig sind, folgt anstelle der gewohnten Tabelle mit repräsentativen Mustern eine (unvollständige) Auflistung von Sport- und Freizeitbetätigungen, zum Teil mit einem typischen Ausmaß versehen.

CO_2-Emission durch Sport-
und Freizeitbetätigung

in Tonnen pro Jahr

Vernachlässigbare Tätigkeiten
Spielen, Basteln, Malen, Zeichnen, Lesen, Singen, Rätseln,
Tanzen, Nähen, Stricken, Heimwerken, Musizieren auf
akustischen Instrumenten, …

Radfahren, Joggen, Wandern, Schwimmen (im Sommer)
und viele Outdoor-Sportarten **ohne nennenswerten
Geräte- und Energiebedarf**

< 0,05

Musizieren
auf elektrischen/elektronischen Instrumenten;
Materialeinsatz, Energie

Segeln, Langlaufen, Skitouren
Ausrüstung

Eine Heißluftballonfahrt
Ausrüstung, Gasverbrauch

jeweils
0,05

Regelmäßiger Fitnesscenterbesuch
Errichtung, Heizung und Klimatisierung des Gebäudes,
Stromverbrauch

0,15

CO_2-Emission durch Unterhaltung,
Sport- und Kulturveranstaltungen

in Tonnen pro Jahr

20 Theater- oder Konzertbesuche

0,05

10 Restaurantbesuche
mittlere und gehobene Kategorie gemischt

25 sonstige Gastronomiebesuche
Café, Bar, …

Pauschale für Film und Fernsehen
Filmproduktion, Fernsehstudios, Kinos, …

jeweils
0,10

Skifahren (10 bis 15 Tage pro Jahr)
Ausrüstung, Herstellung und Betrieb der Liftanlagen,
Beschneiung, Pistenpräparierung

Fußballspielen – aktiv im Verein
Ausrüstung, Herstellung und Erhalt der Sportanlage
inklusive Klubheim

Schwimmen (einmal pro Woche)
im Hallenbad

jeweils
0,20

Motorradfahren, 2500 km im Jahr
Verbrauch, Ausrüstung, ohne Fahrzeug

0,40

Eishockey
Ausrüstung, Herstellung und Erhalt der Sportanlage; die
Eisfläche verursacht einen hohen Energiebedarf für die
Kälteerzeugung

0,80

Heliskiing, 1 Woche
40 000 Höhenmeter

2,00

in Tonnen pro Jahr

Pauschale Internetnutzung

**Regelmäßige Besuche von
Sport-(Groß)-Veranstaltungen**

Vier Tage Open-Air-Festival

jeweils
0,20

Abgrenzung: In dieser Betrachtung sind die Aktivitäten sowie das hierfür
erforderliche Equipment enthalten. Andere Aufwendungen, etwa für
Anreise, werden in den jeweiligen Kapiteln betrachtet.

Alternativen

Der Beitrag zu einer besseren CO_2-Bilanz durch ein verändertes Verhalten in diesem Bereich mag nicht allzu groß sein, ist aber auch nicht zu vernachlässigen. Außerdem gibt es für viele ressourcenintensive Tätigkeiten tolle Alternativen: Wer den Gipfel im Rahmen einer Skitour selbst erklimmt, anstatt sich nach oben fliegen zu lassen, tut seinem Körper Gutes und erspart sich darüber hinaus den Lärm und Gestank des Helikopters.

Verschneite Winterlandschaften können beim Langlaufen mindestens so genossen werden wie beim alpinen Skifahren. Das Verbrennen von Treibstoffen wird im Straßenverkehr stark eingeschränkt werden – auch im Freizeitbereich spricht nichts dagegen: Motorboote machen den Seglern Platz, anstelle der Ausfahrt mit dem Motorrad wird vielleicht eine kleinere Tour mit dem Fahrrad genossen?

Die Zeit im Freien bietet in der Regel viel mehr Erholungswert für Körper und Geist als Tätigkeiten in geschlossenen Räumen. Im Sommer stehen Wandern und Schwimmen hoch im Kurs der Klimaneutralität; Joggen und ausgedehnte Spaziergänge sind aber das ganze Jahr möglich. Je mehr wir uns im Freien bewegen und erholen, umso weniger Gebäude müssen für Freizeitzwecke errichtet und mit Energie versorgt werden.

Gastronomiebesuche dienen nur zum Teil der Nahrungsaufnahme: Wir treffen uns dort auch mit Freunden, genießen die Zeit in Gesellschaft. Wer stattdessen das eine oder andere Mal Freunde zu sich nach Hause einlädt, entlastet das Budget und das Klima.

Hund und Katz, Pferd und Meerschwein

Der Anteil der CO_2-Emissionen, der auf Haustiere entfällt, ist mit 0,4 Tonnen pro Jahr zwar nicht sehr relevant. Allerdings sind die Reduktionsmöglichkeiten durch Effizienz und erneuerbare Energien relativ beschränkt. Man darf nicht vergessen, dass der Betrag von 0,4 Tonnen pro Jahr im angestrebten Ein-Tonnen-Szenario fast die Hälfte ausmachen würde. Diese Tatsache verleiht dem Thema also eine gewisse Bedeutung.

Wenn man in diesem Zusammenhang von Haustieren spricht, sind hauptsächlich Hunde und Katzen gemeint. Erstens, weil sie den größten Anteil der Haustiere stellen, und zweitens mit Abstand am meisten Ressourcen verschlingen. Ein Hund verursacht im Durchschnitt eine CO_2-Emission von 2,5 Tonnen pro Jahr (in Form von Nahrung, Verpackung, Müll und Energie), eine Katze etwa eine Tonne. Beides sind Durchschnittswerte, die im Einzelfall sowohl über- als auch unterschritten werden können.

Der Durchschnittshund wiegt 29 Kilogramm und erhält eine tägliche Fleischration von drei Prozent des Hundegewichts, also 0,9 Kilogramm. Nur dieser Fleischkonsum ist schon mit einer Emission von fast 2 Tonnen CO_2 verbunden. Für eine über 55 Kilogramm schwere Dogge muss dementsprechend fast die doppelte Emission angesetzt werden. Ein Dackel kommt hingegen mit etwas mehr als einer Tonne aus. Bei der Katze hängt die verursachte Emission stark mit den Hinterlassenschaften zusammen: Freigängerkatzen kommen meist ganz ohne Katzentoilette und damit Katzenstreu aus, aber auch bei Wohnungskatzen kann Art und Menge der Katzenstreu noch stark variieren.

Nicht zu vernachlässigen sind Pferde: Auch wenn sie kein Fleisch fressen, kommt in Summe doch einiges zusammen: vor allem durch die Fütterung des 500 Kilogramm schweren Tiers mit Getreide, aber auch durch die direkte Methanemission – insgesamt 2,5 Tonnen pro Jahr und Tier. Im Einzelfall also durchaus relevant, gesamthaft ist die Emission aufgrund der geringen Anzahl (etwa ein Pferd pro 100 Einwohner) hierzulande aber gering.

Andere Haustiere, wie Meerschweinchen, Kanarienvögel und Zierfische, sind in jeder Beziehung sparsamer; sie liegen deutlich unter 0,1 Tonnen pro Jahr. Bei Fischen kann lediglich der Stromverbrauch für das Aquarium zu einer deutlich erhöhten Emission führen – je nach Größe des Aquariums.

Die Frage, wie sehr ein Haustier zur Lebensqualität beiträgt, hängt von vielen Faktoren ab und ist nur individuell zu beantworten: So soll keiner alleinstehenden Person ihr Haustier verwehrt werden. Interessant wäre aber eine Diskussion darüber, warum sich unsere Gesellschaft in diese Richtung entwickelt: Die Haushaltsgrößen werden immer kleiner, die Anzahl der Singlehaushalte nimmt ebenso zu wie die Anzahl der Haustiere. Vielleicht könnte die Lebensqualität durch die Wiederentdeckung größerer Wohnverbünde positiver beeinflusst werden als durch die Ersatzkommunikationspartner in Form von Hund und Katz´.

In der folgenden Grafik ist die Haustiersituation beispielhaft auf verschiedene Haushaltsgrößen bezogen.

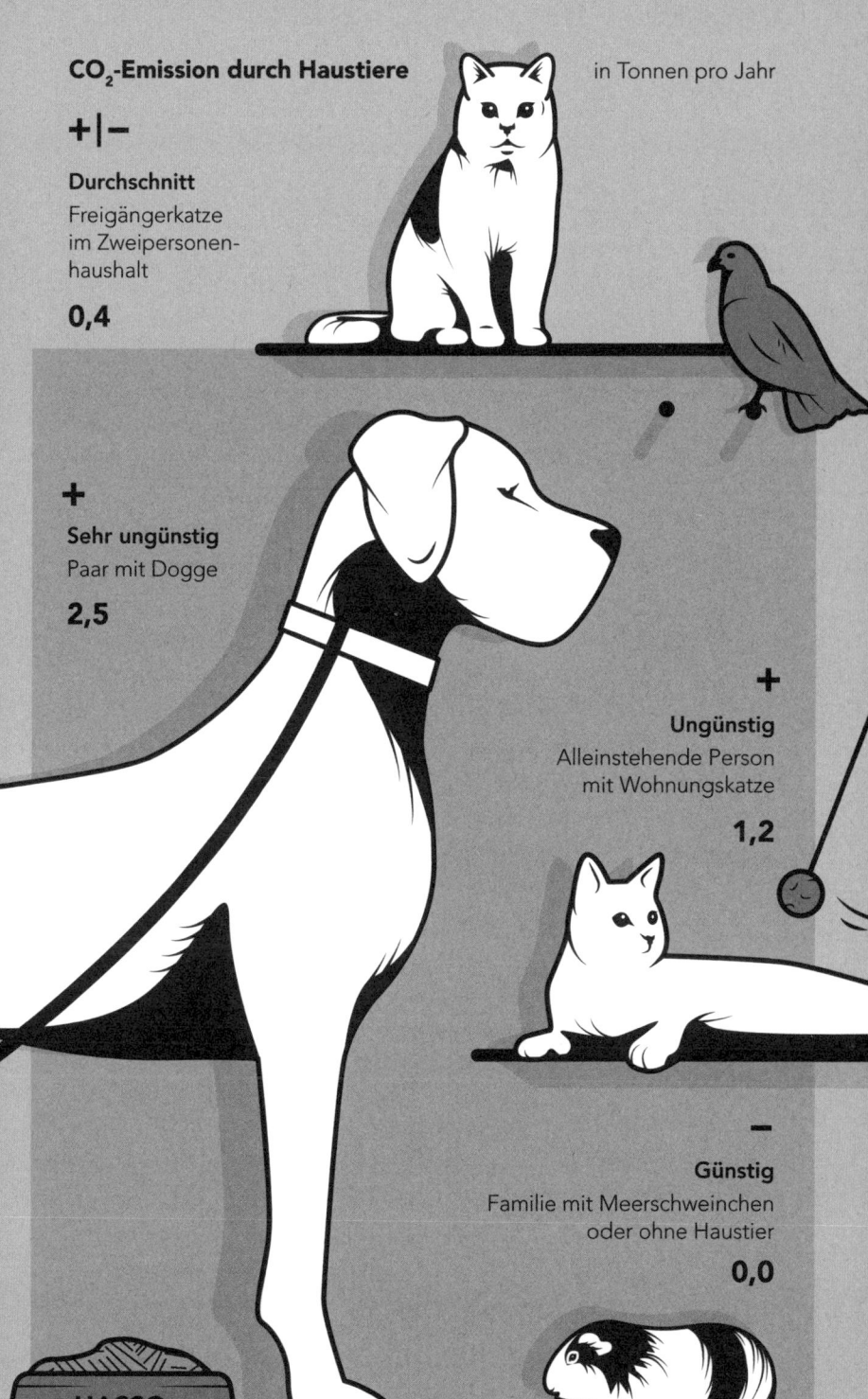

CO$_2$-Emission durch Haustiere in Tonnen pro Jahr

+|−

Durchschnitt
Freigängerkatze
im Zweipersonen-
haushalt

0,4

+

Sehr ungünstig
Paar mit Dogge

2,5

+

Ungünstig
Alleinstehende Person
mit Wohnungskatze

1,2

−

Günstig
Familie mit Meerschweinchen
oder ohne Haustier

0,0

HASSO

Hintergrundinfo:
Monetäre CO_2-Intensität

In einer repräsentativen Erhebung von Pro-Kopf-Verbräuchen natürlicher Ressourcen von 2016 wurden die CO_2-Emissionen von 1000 StudienteilnehmerInnen aus Deutschland erfasst und analysiert. Das überraschende Ergebnis: Menschen mit einer positiven Einstellung zur Umwelt verursachen überdurchschnittlich hohe Emissionen! Bei genauerer Betrachtung ist das nachvollziehbar: Auf den Umweltschutz achten eher Menschen mit höherer Bildung und höherem Einkommen. Sie leisten sich eine größere Wohnfläche, ein zweites Auto, reisen öfter und weiter, konsumieren mehr. Auch wenn sie ihr Haus besser dämmen lassen, als Zweitauto ein Elektroauto fahren und beim Einkaufen auf öko und bio achten, sind ihre Emissionen höher als bei Menschen mit geringerem Einkommen. Dieser Umstand führt immer wieder mal zu der These, dass es sinnlos wäre, etwa in Energieeffizienz zu investieren, weil das dadurch eingesparte Geld dann an anderer Stelle emissionswirksam ausgegeben würde – wer sich also im Passivhaus 1000 Euro Heizkosten erspart, fliegt demnach damit in die Südsee und richtet dadurch einen noch größeren Schaden an. Das kann zwar in Einzelfällen zutreffen, generell ist aber hier zu berücksichtigen, dass unsere Ausgaben sehr unterschiedliche CO_2-Intensitäten aufweisen.

Bei einem Billigflug können pro ausgegebenem Euro über zehn Kilogramm CO_2 anfallen; durch die Errichtung eines Eigenheims hingegen werden nur rund 100 Gramm pro Euro verursacht. Als Faustregel gilt: Je länger die Lebensdauer der Ausgabe, umso geringer die monetäre CO_2-Intensität. Deswegen stehen an der Spitze jene Ausgaben, die direkt in die

Verbrennung von fossilen Stoffen fließen (Fliegen, Heizen, Auto fahren), gefolgt von den Ausgaben für Haushaltsstrom und – der Haltung von Haustieren, weil das emissionsbeladene fleischhaltige Futter relativ preiswert ist. Dann folgen Gebrauchsgegenstände mit mittlerer Lebensdauer, wie zum Beispiel Fahrzeuge, aber auch durchschnittliche Freizeitaktivitäten – abhängig vom erforderlichen Energieeinsatz und der Lebensdauer des benötigten Equipments. Am anderen Ende der Skala finden sich sogar negative Werte: Wer beispielsweise in eine Photovoltaikanlage investiert oder sein Eigenheim thermisch saniert, verhindert rund fünf Kilogramm CO_2 pro investiertem Euro.

Ja, Effizienzgewinne können zunichtegemacht werden, indem das eingesparte Geld an anderer Stelle noch emissionsintensiver ausgegeben wird. Lässt man sich vom Grundsatz der Langlebigkeit leiten, ist man aber meist auf der sicheren Seite und die Einsparungen bleiben wirksam. Darüber hinaus ist auch die regionale Wertschöpfung ein Indikator: Produkte vom Handwerker um die Ecke haben nur kurze Transportwege hinter sich, die überwiegend manuelle Arbeit ist nur mit geringen Emissionen verbunden. Industrielle Produkte hingegen beinhalten oft Bestandteile aus der ganzen Welt; anstelle von menschlicher Arbeitskraft werden ressourcenintensiv Maschinen eingesetzt.

KATEGORIE FREIZEIT, SPORT UND HAUSTIERE

Neben den nachfolgenden Tätigkeiten gibt es auch viele, die hinsichtlich der CO_2-Emission vernachlässigbar sind: Spielen, Basteln, Malen, Zeichnen, Lesen, Singen, Rätseln, Tanzen, Nähen, Sticken, Stricken, Heimwerken, Musizieren auf akustischen Instrumenten, Radfahren, Joggen, Wandern, Schwimmen (im Sommer), … Für all das ist nichts zu veranschlagen.

START ↓

Zeiteinsatz pro Jahr in Stunden (h)		0	0 – 25 h	25 – 50 h	50 – 100 h	100 – 250 h	über 250 h
HOBBYS UND SPORT	Tätigkeiten mit geringer Emission – vorwiegend für die Ausrüstung: Langlaufen, Skitouren, …	0	0	0	1	2	4
	Tätigkeiten mit mittlerer Emission: Fitnesscenterbesuch, Skifahren, Fußballspielen, Schwimmen im Hallenbad	0	1	2	3	10	20
	Tätigkeiten mit hoher Emission: Motorradfahren, Eishockey, Eislaufen	0	1	4	9	20	40
	Tätigkeiten mit sehr hoher Emission: z. B. Heliskiing	0	14	43	86	200	400
UNTERHALTUNG, VERANSTALTUNGEN	Besuche von Konzerten und Theateraufführungen, Open-Air-Konzerte und -Festivals	0	1	2	3	7	14
	Gastronomiebesuche gemischt (Café, Bar, Restaurants)	0	1	4	8	18	35
	Besuche von Sport-Großereignissen	0	3	8	15	35	70
	Pauschale für Internetnutzung sowie Film und Fernsehen	6					

Haustiere — Gemeinsamer Besitz?

	zum Beispiel	Gewicht in Kilogramm	alleine	zu zweit	zu dritt	zu viert	zu fünft	zu sechst
HUND	Chihuahua	bis 3	7	3	2	2	1	1
	Foxterrier	3 – 10	12	6	4	3	2	2
	Beagle	10 – 20	20	10	7	5	4	3
	Dalmatiner	20 – 40	35	18	12	9	7	6
	Neufundländer	40 – 70	60	30	20	15	12	10
	Bernhardiner	über 70	85	43	28	21	17	14
KATZE	Freigänger		13	7	4	3	3	2
	Wohnungshaltung		20	10	7	5	4	3
	Meerschweinchen, Ziervögel, Kaninchen, …		1	1	0	0	0	0
	Pferd		50	25	17	13	10	8

SUMME **FREIZEIT, SPORT UND HAUSTIERE:**

8 20 **26** 40 50 60 70 80 90 **100**

BERNHARD
52

1,2 TONNEN CO$_2$
PRO JAHR

Viele Jahre war **Bernhard** als Fußballer aktiv. Schon von klein auf im Verein, später leider nur bei der zweiten Mannschaft im Einsatz. Dann aber in der Jugendarbeit aktiv und bis vor einigen Jahren auch noch als Spieler bei den Alten Herren. Heute gönnt er sich zwei, dreimal im Jahr den Besuch eines Champions-League-Spiels – das ist immer ein Erlebnis! Sportlich ist er aber nach wie vor aktiv: im Winter ein bisschen Skifahren, im Sommer mit dem Rennrad, ganzjährig beim wöchentlichen Kegelabend. Wobei Letzterer schon fast mehr Freundschaftspflege als Sport ist. Im Dorfgasthaus mit der Kegelbahn isst man übrigens auch sehr gut. Einmal im Monat wird die ganze Familie dorthin ausgeführt. Seine restliche Freizeit verbringt Bernhard im Garten oder in seiner Werkstatt. Es gibt ja immer was zu tun.

Die Emissionen liegen insgesamt somit im Durchschnitt. Hinzu kommt noch die Katze, die aber – in einem Vierpersonenhaushalt – nicht allzu sehr ins Gewicht fällt.

CHRISTINA
43

0,6 TONNEN CO$_2$
PRO JAHR

Als **Christina** ein Kind war, hatten sie einen Hund zu Hause, den sie sehr mochte. Sie vermisste ihn am Anfang, als sie in ihre eigene Wohnung zog. Für sie kam dennoch weder Hund noch Katze infrage: Man kann schwer selbst vegan leben und dann Fleisch an Tiere verfüttern. Außerdem fehlt ihr ohnehin die Zeit dazu. Früher war Christina wirklich auf jeder Party zu finden, in Gesellschaft ist sie immer noch gerne. Mindestens einmal die Woche trifft sie sich mit Freundinnen, im Café oder auch zu einem gemeinsamen Konzertbesuch. Ihre sportlichen Aktivitäten beschränken sich dafür auf das Laufen – die tägliche 45-Minuten-Runde am Fluss ist alles was sie braucht. Alles in allem keine sehr ressourcen-intensiven Aktivitäten, die Emission bleibt unterdurchschnittlich.

ANNA
32

0,6 **TONNEN CO$_2$ PRO JAHR**

Anna ist eine Leseratte. Kein Monat vergeht, in dem sie nicht ein Buch gelesen, nein verschlungen hat. Sie ist kulturell interessiert, besucht oft Konzerte und Theateraufführungen. Und hin und wieder geht sie in ihrer Freizeit auch mit Freundinnen aus. Sportlich übertreibt sie es nicht; in der Regel schafft sie es, am Wochenende joggen zu gehen. Oder sie macht einen ausgedehnten Spaziergang, eine kleine Wanderung. Das Schwimmen im Sommer ist nicht unbedingt unter Sport zu verbuchen, aber es ist einfach die schönste Freizeitbeschäftigung: ans Flußufer radeln, sich ausbreiten und sonnen, lesen und ab und zu abkühlen.

Ach ja, Anna hat zwei Meerschweinchen. Die sind – im Gegensatz zu Anna – Vegetarier und relativ anspruchslos. Das einzige, was sie fordern, ist ein bisschen Zeit: für Pflege, Fütterung und Zuwendung. Irgendwie ist man dann auch in der Singlewohnung nicht so allein.

Die CO_2-Bilanz im Hinblick auf das Freizeitverhalten verbessern – so geht's:

- einen kleinen Hund einem großen vorziehen

- ein Meerschweinchen einer Katze vorziehen

- ein Haustier im Familienverbund besitzen oder ganz darauf verzichten

- das Joggen im Freien dem Fitnessstudio vorziehen

- sportliche Aktivitäten ohne Einsatz von Fremdenergie (Treibstoffe, elektrische Energie) bevorzugen und energieintensive Tätigkeiten reduzieren

- Hobbys und sportliche Aktivitäten bevorzugen, die mit geringen Kosten verbunden sind

- die erforderliche Ausstattung vielleicht mit anderen teilen und, wann immer möglich, langlebige Produkte wählen

122

- den Besuch von Großveranstaltungen zur seltenen Ausnahme machen

- nützlichen Hobbys wie Heimwerken, Gartenarbeit, Basteln oder Nähen nachgehen

- Zeit mit guten Freunden verbringen

- freie Zeit mit einem Buch, bei Musik oder bei einem Spaziergang in der freien Natur genießen

Sonstiger
Konsum

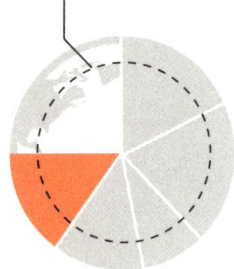

Reduktionsziel
durch Lebensstil

1,5 TONNEN

Und noch mal **1,5 Tonnen für
»Kleinkram«:** Da läppert sich
einiges zusammen.

Viele Konsumgüter brauchen
wir einfach. Man muss sich
deshalb schon sehr anstren-
gen, **um die Emission zu
halbieren.**

Dafür sind den meisten
Menschen hier rein räumliche
Grenzen gesetzt – **mehr als
50 Prozent kommen selten
dazu.**

**Wir leben in einer globalisierten
Wirtschaftswelt.** Das gilt nicht nur für
komplexe Produkte wie Handys und Laptops –
auch eine Jeans hat mehrere Weltreisen hinter
sich. Klar, dass damit auch eine Menge
Emissionen verbunden ist.

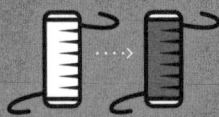

MADE IN USA?

STOFFHERSTELLUNG

Zulieferung

Düngemittel **(USA)**

Farbstoffe **(Europa)**, Chemie **(USA)**

1

KASACHSTAN

Baumwollanbau (Ernte, Entkörnung)

Arbeitsschritt

2

TÜRKEI

Spinnerei (Garnerzeugung)

3

CHINA

Färberei

Produktvorgabe & Kontrolle **(USA)**

Design-Schnittmuster **(USA)**; Etiketten, Innenfutter, Kurzwaren (Knöpfe, Reißverschluss), Maschinenbau, Textilmaschinen **(Europa)**

Bleich- und Waschmittel **(USA)**

PRODUKTHERSTELLUNG

4

POLEN

Weberei (Stofferzeugung)

5

BANGLADESCH

Näherei

6

CHINA

Veredelung

VERTEILUNG

7

BELGIEN

Export und Großhandel

8

DEUTSCHLAND

Einzelhandel und Konsument

9

OSTAFRIKA

Entsorgung, Altkleidersammlung

RECYCLING

JEANS

BELGIEN
DEUTSCHLAND
AFRIKA

Sonstiger Konsum

U nter sonstigen Konsum fallen Bekleidung und Schuhe, Elektrogeräte, Wohnungseinrichtung und Haushaltsgegenstände, Waschmittel und Produkte zur Körperpflege und Papier. All dies schlägt mit durchschnittlich 1,5 Tonnen pro Jahr und Kopf ganz schön zu Buche. Mit einem bewussten Lebensstil kann man in diesem Bereich viel bewirken. Einmal in Form der Grundsatzfrage, welche Produkte denn wirklich benötigt werden, wie langlebig diese Produkte sind und welche Transportwege sie hinter sich haben. Und dann natürlich auch in Form der Nutzung selbst: Wie sorgsam geht man damit um, wie schnell wird ein altmodischer oder leicht beschädigter Artikel ersetzt und das vielleicht noch gebrauchsfähige Produkt entsorgt?

Schuhe und Bekleidung

Was wir anziehen, verursacht im Mittel 0,4 Tonnen CO_2 pro Kopf und Jahr. Mit dem immer neuesten Schrei vom Discounter kann man weit über den Durchschnitt schießen, mit hochwertigen Textilien (die von HobbynäherInnen sogar geflickt werden können) lässt sich die Emission leicht halbieren. Von großer Bedeutung ist bei Textilien aber auch die Herkunft und die Produktionsweise. Ein T-Shirt aus konventioneller US-amerikanischer Baumwolle, das in China hergestellt wurde, um per Luftfracht in einem europäischen Kaufhaus zu landen, hat sieben Kilogramm CO_2 im Gepäck. Wird es mit derselben Baumwolle in Europa hergestellt, sind es nur noch vier Kilogramm. Handelt es sich um Biobaumwolle aus Peru, reduziert sich die Belastung gar auf rund ein Kilogramm.

Möbel und Einrichtung

Bei der Wohnungseinrichtung (inklusive Haushalts- und Gartenartikel etwa 0,4 Tonnen pro Jahr) kann man vor allem mit Langlebigkeit punkten. Die Frage, ob Küche, Bad, Bett oder Schrank wirklich benötigt werden, stellt sich nicht. Aber wie billig, im Sinne von kurzlebig, die Anschaffungen sind, ist beeinflussbar und nicht unbedingt eine Frage des Geldes. Hochwertige Materialien und gutes Handwerk haben zwar ihren Preis, die Neuanschaffung ist aber meist erst viel später notwendig als bei Discounterware. Ähnlich verhält es sich mit Haushaltsgeräten. Qualität hat ihren Preis, aber auch ihren Wert.

Elektronische Geräte

Mobiltelefone, TV-Geräte, Playstations, Laptops und Drucker, all diese Dinge sind heute in nahezu jedem Haushalt Standard und verursachen Emissionen in der Höhe von rund 0,3 Tonnen pro Person und Jahr. Wobei hiermit der Stromverbrauch noch nicht erfasst ist, sondern erst die Herstellung. Ein Computer, heute nach drei Jahren bereits alt(-modisch), muss auch häufig ersetzt werden. Die üblichen Fragen: Braucht ein Vierpersonenhaushalt wirklich zwei oder mehr Fernsehgeräte? Ist der Laptop vielleicht doch noch reparabel und kann seine

Dienste noch ein bis zwei weitere Jahre leisten? Muss das alte Handy entsorgt werden, nur weil das neue Modell scheinbar unverzichtbare Features verspricht?

Papier und Karton

Ganze 15 Prozent der weltweiten Holznutzung werden für die Produktion von Papier und Zellstoff verwendet. Das ist viel; dementsprechend wirkt sich der Papierverbrauch auch auf die CO_2-Emission aus. Pro Kopf werden hierzulande Jahr für Jahr 250 Kilogramm Papier und Karton produziert, knapp die Hälfte davon für Verpackungen; man denke an die Zunahme von Paketsendungen durch den Onlinehandel. Das Papier ist noch mit wesentlich mehr CO_2 befrachtet, wenn es bedruckt wurde, sodass Zeitungen und Postwurfsendungen den Löwenanteil im privaten Verbrauch ausmachen: rund 0,15 Tonnen pro Jahr. Insgesamt weitere 0,05 Tonnen fließen in die Paketverpackungen, in (privates) Drucker- und Hygienepapier. Bücher sind in diesem Zusammenhang mit einigen wenigen Kilogramm pro Exemplar vernachlässigbar. Einsparpotenziale: Postwurfsendungen vermeiden (Briefkastenaufkleber »Bitte keine Werbung!«), Zeitungen mit mehreren Lesern teilen oder online lesen, Papiermüll dem Altpapier zuführen, Recyclingpapier verwenden, Geschenke kreativ papierlos verpacken …

Putz- und Waschmittel

Bei Konsumgütern des täglichen Gebrauchs – für Wasch-, Putz- und Körperpflegemittel fallen in Summe weitere 0,2 Tonnen pro Jahr an – hilft der bewusste Umgang und die Verwendung von ökologisch möglichst verträglichen Produkten.

Hintergrundinfo:
Konviviale Technologien

Wie unempfindlich ist ein Produkt oder ein Bauteil gegenüber äußeren Einflüssen, wie sicher kann ein System seine Funktion aufrechterhalten, wenn eine Komponente ausfällt? Der Rasenmäher ist dafür ein schönes Beispiel. Der Spindelrasenmäher, vor über 100 Jahren erfunden und seither in fast unveränderter Art und Weise produziert, ist ein einfaches mechanisches Produkt. Bestehend aus knapp zehn Kilogramm Stahl, mit wenig oder ganz ohne Kunststoffe erhältlich, kein Verbrennungsmotor, keine Elektrik, keine Elektronik. Er tut seine Dienste, in dem die Körperkraft des Anwenders intelligent auf die hochwertige Mechanik übertragen wird, sodass das angestrebte Ergebnis (der geschnittene Rasen) mit wenig Aufwand erreicht werden kann. Ein hochwertiges Modell enthält praktisch keine Teile, die kaputt gehen können, lediglich die Messer müssen alle paar Jahre geschliffen werden. So hält dieses Produkt – nach heutigen Maßstäben – ewig. Der austroamerikanische Autor und Philosoph Ivan Illich nannte solche Technologien »konvivial«, was im Englischen in etwa »fröhlich zusammen« bedeutet. Das »Zusammen« bezieht sich auf Mensch und Technik. Die menschliche Arbeitskraft wird nicht ersetzt, sondern durch Technik erleichtert. Ein sehr modernes Beispiel ist das E-Bike, das die Körperkraft des Menschen verstärkt, aber nicht ersetzt. Rasenmäher werden heute hingegen fast ausschließlich mit Benzin oder elektrisch betrieben. Sie sind schwerer, brauchen mehr Platz, machen mehr Lärm, müssen aufwendiger gereinigt werden und enthalten eine große Anzahl von Teilen, die kaputt gehen können und werden. Meist wird aber der ganze Rasenmäher (etwa alle fünf bis zehn Jahre) wegen kleiner Defekte entsorgt, weil sich reparieren nicht mehr lohnt.

CO$_2$-Emission durch Konsumverhalten   in Tonnen pro Jahr

Durchschnitt

Bekleidung und Schuhe:
jährliche Ausgaben von 1100 Euro (pro Person)

Elektronik:
1 Fernseher (10 Jahre) für 2 Personen
1 PC (4 Jahre) pro Haushalt
auf ein Jahr umgelegt 1200 Euro

Haushaltsartikel und -geräte mit mittlerer Lebensdauer:
gesamte Investitionen pro Haushalt
auf ein Jahr umgelegt 550 Euro

Eine Tageszeitung pro Haushalt:
Postwurfsendungen werden empfangen
und dem Altpapier zugeführt   **1,5**

Ungünstig   **+**

Ausgaben für Bekleidung und Schuhe:
jährlich 2000 Euro (pro Person)

Elektronik:
1 Fernseher pro Person
weitere aufwendige Unterhaltungselektornik (Heimkino)

Haushaltsartikel und -geräte:
Möbel werden öfter erneuert
großzügige Ausstattung mit neuesten Haushaltsgeräten   **2,2**

Günstig   **–**

**Hauptaugenmerk aller Anschaffungen
ist die Langlebigkeit**
nach Möglichkeit wird repariert

Beachtung von ökologischen Kriterien:
bei Bekleidung und Konsumgütern des täglichen Gebrauchs

Keine Postwurfsendungen   **0,7**

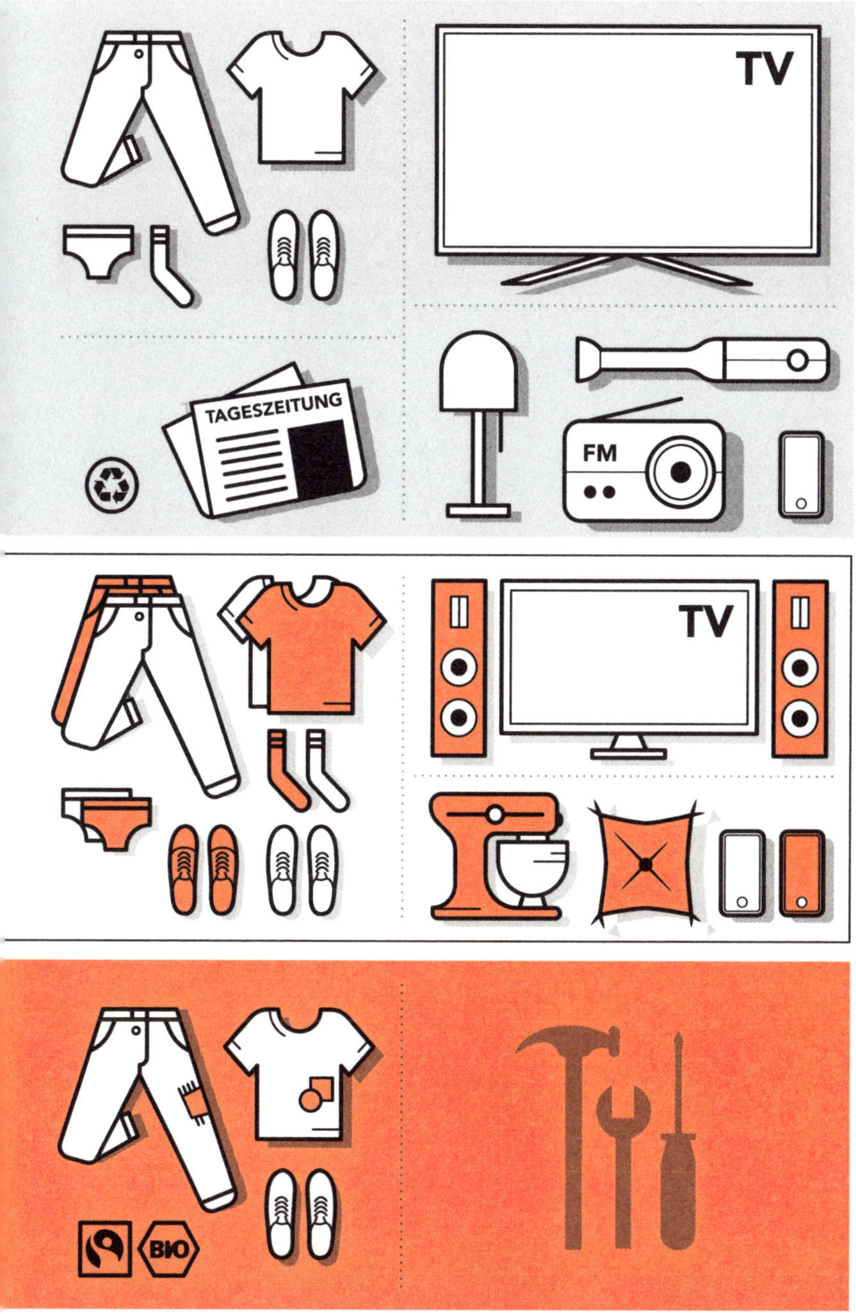

TV

TAGESZEITUNG

TV

FM

MEERSCHWEINCHEN-TEST:

KATEGORIE SONSTIGER KONSUM

Ja, es ist schwierig, sich selbst im Vergleich zum Bevölkerungsdurchschnitt einzuordnen – eine andere Quantifizierung ist hier aber kaum möglich. Zur Orientierung: Üblicherweise liegen die Konsumausgaben umso höher, je höher das Haushaltseinkommen ist. Versuchen Sie es einfach …

START ↓

	zum Beispiel	kein Konsum	sehr gering	eher gering	Durchschnitt	eher hoch	sehr hoch
					Konsumintensität		
BEKLEIDUNG UND SCHUHE	Standardtextilien	0	3	5	8	15	31
	Textilien mit Ökolabel (Biobaumwolle)	0	1	3	4	8	16
	Textilien aus regionaler Produktion	0	1	3	4	8	16
	Textilien mit Ökolabel (Biobaumwolle), regionale Produktion	0	1	1	2	8	4
WOHNUNGSEINRICHTUNGEN, HAUSHALTS- UND GARTENARTIKEL	Küche und Kücheneinrichtung, Möbel, …	0	3	6	8	17	34

Konsumintensität	kein Konsum	sehr gering	eher gering	Durchschnitt	eher hoch	sehr hoch
zum Beispiel						
ELEKTRO-GERÄTE TV, EDV, Mobiltelefone, elektronische Spielgeräte, …	0	2	4	6	12	24
PAPIER Zeitschriften, Postwurfsendungen	0	1	1	2	4	9
Verpackungen (Paketlieferungen)	0	0	1	1	2	4
(privates) Druckerpapier, Hygienepapier	0	0	1	1	2	4
DROGERIE Wasch- und Putzmittel, Körperpflege, …	0	1	3	4	8	15

SUMME **SONSTIGER KONSUM:**

14   20   **30**   40   50   **60**

1,3 TONNEN CO$_2$ PRO JAHR

In puncto Bekleidung passt **Bernhard** in das Männerklischee: Man zieht das an, was im Kleiderschrank ganz oben liegt, und kauft nur dann etwas Neues, wenn andernfalls der Hausfrieden gefährdet ist. Auch wenn geringe Emissionen bei dieser Haltung keine Rolle spielen, hilfreich ist es allemal. Das war's dann aber auch schon – in allen anderen Bereichen muss sich Bernhard mit der Durchschnittsnote zufriedengeben. Er achtet zwar durchaus auf Langlebigkeit bei seinen Anschaffungen, aber es kommt halt einfach viel zusammen, wenn man einen Garten hat und Heimwerker ist (was ja an anderer Stelle durchaus Vorteile hat).

1,0 TONNEN CO$_2$ PRO JAHR

Es ist **Christina** ein Anliegen, bewusst und manchmal durchaus reduziert einzukaufen. Aber es gibt Grenzen: In ihrem Job kann sie nicht jeden Tag gleich gekleidet erscheinen. Außerdem will sie das auch gar nicht – zweimal im Jahr braucht sie neuen Stoff. Textilen Stoff natürlich, wenn stilistisch kompatibel, auch gerne öko. Unter den Durchschnitt kommt sie mit den Emissionen hier aber nicht. Bei der Elektronik schon, weil sie zu Hause zu zweit mit einem Computer und einem mittlerweile zehn Jahre alten Flachbildschirm auskommen. Wirklich bemüht haben sie sich damals bei der Wohnungs-einrichtung: Möbel vom Handwerker um die Ecke, alles in Vollholz. Das hat eine Stange Geld gekostet, hält aber ewig. Überhaupt ist ihnen bei Anschaffungen solide Qualität wichtig. Manche Dinge scheinen teuer, sind aber auf lange Sicht deutlich günstiger als Billigware. Bewusster Papierverbrauch ist ebenfalls ein Thema: nur eine Wochenzeitung, der Rest geht online, keine Postwurfsendungen, wenig Paketlieferungen. Alles in allem durchaus akzeptabel.

ANNA
32

0,7 TONNEN CO$_2$ PRO JAHR

Zugegeben, in diesem Bereich ist es hilfreich, wenn die finanzielle Ausstattung gewisse Grenzen vorgibt. Irgendwie gehört es mittlerweile aber auch zu **Annas** Lebensstil, nicht immer die neuesten Klamotten zu tragen, auch mal was im Secondhandladen zu kaufen. Manchmal näht sie sich sogar selber ein Kleid. Und wenn sie sich etwas Neues gönnt, sind es in der Regel Textilien mit Ökolabel. Schuld daran ist wohl eine Dokumentation über Textilfabriken in Asien, die sie vor vielen Jahren gesehen hat. Das machte sie damals sehr nachdenklich und die guten Vorsätze vergaß sie nie. Ihre Wohnungseinrichtung ist einfach und dennoch stilvoll. Auf kurzlebige Billigware verzichtet sie, so manches Gerät leiht sie sich einfach aus, wenn sie es benötigt. Auch bei der Elektronik ist Anna vergleichsweise altmodisch unterwegs: Klar will sie nicht ohne Smartphone und Laptop auskommen, aber beide Geräte sind schon in die Jahre gekommen: Doppelte Lebensdauer halbiert die Emissionen! Zeitung liest sie nur online, Postwurfsendungen müssen draußen bleiben. Insgesamt schafft sie es jedenfalls, gegenüber dem Durchschnitt mehr als die Hälfte an Emissionen einzusparen.

Die CO_2-Bilanz im Hinblick auf den privaten Konsum verbessern – so geht's:

• Bekleidung mit Ökolabel bevorzugen (Orientierung geben Siegel wie: Naturtextil – BEST, GOTS, Fairtrade)

• secondhand kaufen (aber auch davon nicht zu viel)

• den Papierkonsum reduzieren, Postwurfsendungen ablehnen und Altpapier konsequent dem Recycling zuführen

• die Anzahl von elektrischen und elektronischen Geräten im Haushalt reduzieren

• bei allen Anschaffungen auf hohe Qualität, lange Lebensdauer und Reparierbarkeit achten

• möglichst Produkte aus inländischer oder europäischer Produktion kaufen

• handwerkliche Fertigung der industriellen Produktion vorziehen

• versuchen, defekte Gegenstände zu reparieren oder reparieren zu lassen (in einem Reparaturcafé oder beim Handwerker um die Ecke)

• nicht mehr benötigte Gegenstände einer anderen Nutzung zuführen oder anderen Menschen zur Nutzung überlassen

• generell bewusst und sparsam einkaufen

• sich an Dingen erfreuen, die doppelt so viel kosten, aber dreimal so lange halten

Haushalts-strom

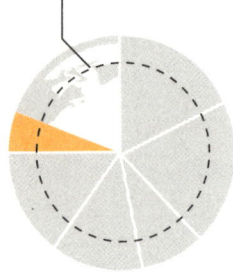

Reduktionsziel durch Lebensstil

0,6 TONNEN

Der private Stromverbrauch ist »nur« für **fünf Prozent der Emissionen** verantwortlich: 0,6 Tonnen.

Effiziente Geräte und der bewusste Umgang mit Energie ermöglichen eine **Reduktion um zwei Drittel.**

Die Auswahl an Stromverbrauchern im Haushalt ist aber so groß, dass auch **1,6 Tonnen unschwer erreichbar** sind.

Die Umstellung auf eine Stromproduktion mit erneuerbaren Energieträgern hilft, die Emissionen pro Energieeinheit weit über 90 Prozent zu reduzieren. Elektrischer Strom ist aber eine sehr wertvolle Energieform – Einsparungen durch bewusste Verhaltensänderungen, aber auch durch effizientere Geräte sind deshalb von großer Bedeutung.

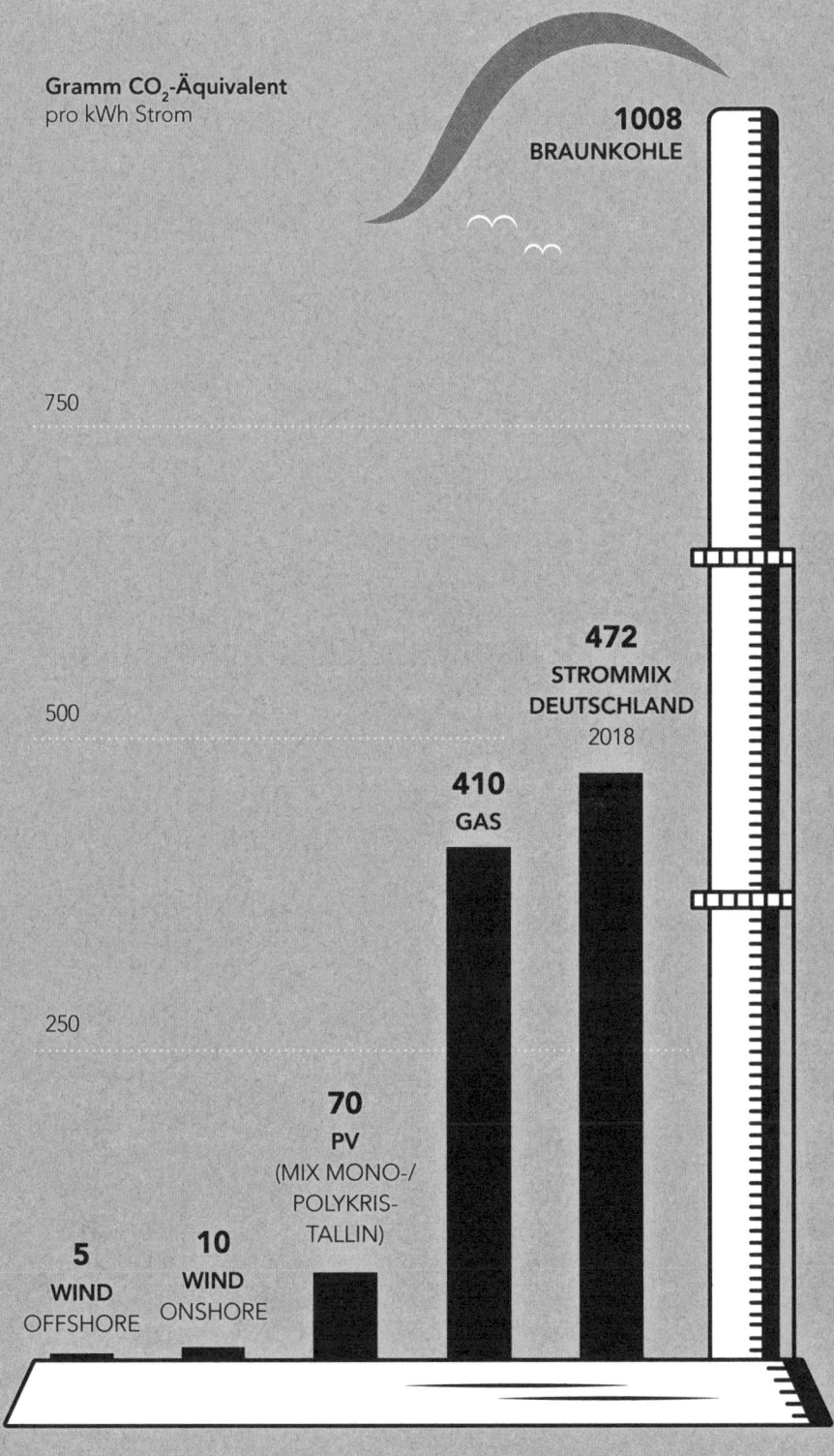

Gramm CO$_2$-Äquivalent
pro kWh Strom

1008
BRAUNKOHLE

750

472
STROMMIX
DEUTSCHLAND
2018

500

410
GAS

250

70
PV
(MIX MONO-/
POLYKRIS-
TALLIN)

5
WIND
OFFSHORE

10
WIND
ONSHORE

Haushaltsstrom

Wenn wir von unseren Eltern oder Großeltern zum Energiesparen aufgefordert wurden, war in der Regel der Haushaltsstrom damit gemeint. Das Licht ausschalten, das Wasser im Kochtopf nur mit geschlossenem Deckel zum Kochen bringen, den Fernseher nicht einfach so laufen lassen – darum ging es. Verblüffend, dass dieser Anteil an den gesamten CO_2-Emissionen nur bei etwa fünf Prozent liegt, das sind ungefähr 0,6 Tonnen pro Jahr. Das mit dem Strom ist aber so eine Sache. Wie viel Emission eine Kilowattstunde verursacht, hängt nämlich davon ab, wie der Strom gerade produziert wird: Wie viel steuern zum Beispiel die Kohlekraftwerke bei, wie viel die Photovoltaik? Das ändert sich ständig, ganz relevant aber zwischen Sommer und Winter. Der Winterstrom kann gut und gerne drei- bis fünfmal so viel Emissionen verursachen wie der Sommerstrom.

Um eine einheitliche Betrachtung vornehmen zu können, wird für alle Angaben eine Stromerzeugung mit einer mittleren Emission von 400 Gramm CO_2 pro Kilowattstunde unterstellt. Das entspricht der aktuellen Situation innerhalb der

Europäischen Union: Braunkohlekraftwerke und Atomstrom, Wasserkraft und Photovoltaik, Gaskraftwerke und Windenergie – alles zusammen liefert den aktuellen Strommix. Was den personenbezogenen Wert von 0,6 Tonnen pro Jahr anbelangt, ist von Bedeutung, wie groß der Haushalt der betreffenden Person ist, weil in der Regel jeder Haushalt einen gewissen Sockelverbrauch aufweist: Die Verbräuche von Kühlschrank, Gefriertruhe, Beleuchtung, diversen elektronischen Geräten im Stand-by-Modus, all das wird auf die Anzahl der im Haushalt lebenden Personen aufgeteilt.

Wovon hängt nun der tatsächliche Verbrauch in diesem Haushalt ab? Je mehr elektrische und elektronische Geräte, umso höher der Verbrauch. Je effizienter diese Geräte, umso geringer der Verbrauch. Und: Der sparsame Umgang mit diesen Geräten reduziert den Verbrauch ebenso. Die Bandbreite ist also wie so häufig groß.

Zunächst ein Blick auf die Haushaltsgröße: Weil in der Regel jeder Haushalt mit Haushaltsgeräten ausgestattet ist, die zumindest teilweise unabhängig von der Personenanzahl betrieben werden, gibt es einen Sockelbetrag, der pro Haushalt anfällt. Dieser Betrag wird auf alle im Haushalt lebenden Personen aufgeteilt – je größer der Haushalt, umso niedriger ist daher der Verbrauch pro Person. Für die Ermittlung der Gesamtemission wurde ein gewichteter Mix der Durchschnittsverbräuche aus Deutschland, Österreich und der Schweiz herangezogen. Demnach beträgt die Pro-Kopf-Emission in einem Einpersonenhaushalt rund 1 Tonne pro Jahr, in einem Zweipersonenhaushalt 0,6 Tonnen, bei drei Personen nur noch 0,5 Tonnen pro Jahr.

Haushaltsgröße

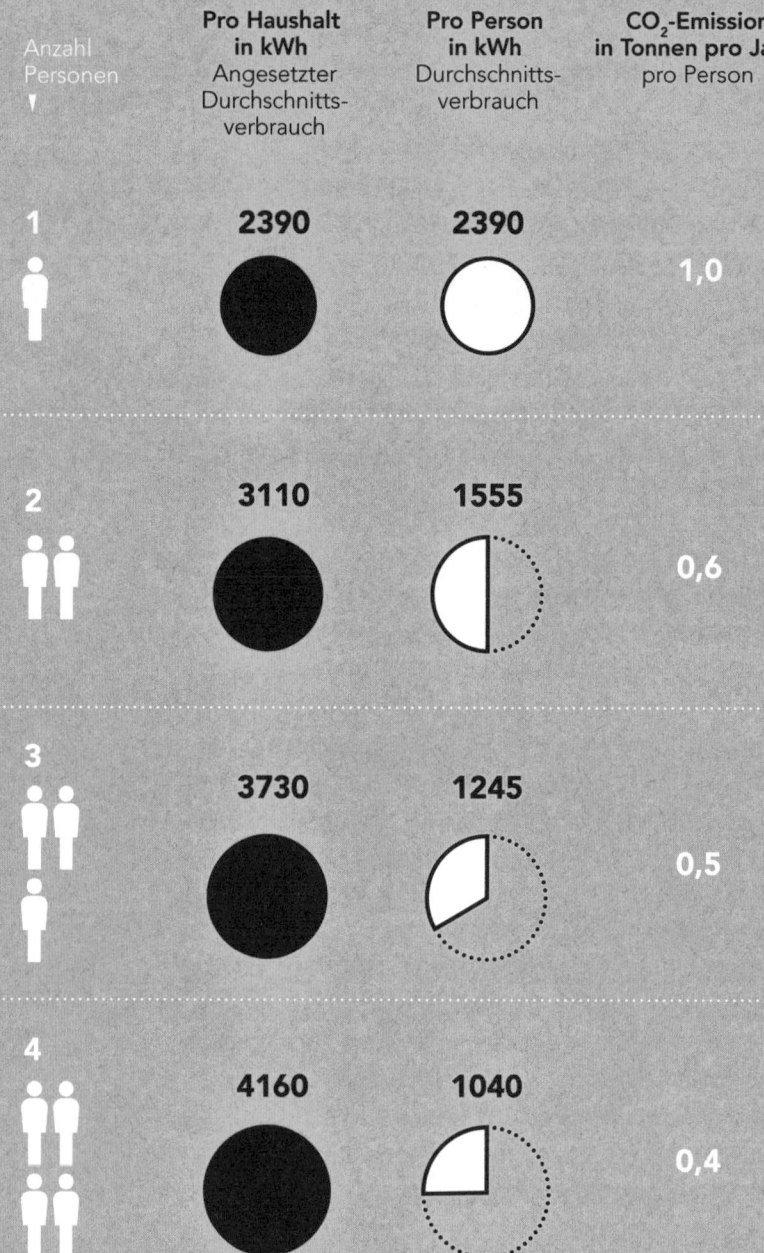

Anzahl Personen ▼	Pro Haushalt in kWh Angesetzter Durchschnittsverbrauch	Pro Person in kWh Durchschnittsverbrauch	CO_2-Emission in Tonnen pro Jahr pro Person
1	2390	2390	1,0
2	3110	1555	0,6
3	3730	1245	0,5
4	4160	1040	0,4

Welche Geräte verbrauchen wie viel und wie kann man den Stromverbrauch reduzieren?

Natürlich kann der Stromverbrauch im privaten Haushalt tatsächlich sehr stark durch die Energieeffizienz der einzelnen strombetriebenen Geräte beeinflusst werden, gewisse Potenziale stecken aber auch in grundsätzlichen Entscheidungen. Mit etwa 20 Prozent des gesamten Haushaltsstromverbrauchs stellt das Kühlen und Gefrieren die größte Einzelposition. Die Entscheidung über die Größe der dafür notwendigen Geräte beeinflusst den Verbrauch maßgeblich. Eine Kühl-Gefrier-Kombination anstelle einer separaten, größeren Kühltruhe spart bereits 0,05 Tonnen pro Jahr ein.

Beim Waschen und Trocknen (etwa zehn Prozent) stellt sich die Frage, ob das Trocknen wirklich maschinell erfolgen muss oder ob die Wäsche nicht auch in der Wohnung trocknen kann. Speziell in modernen Wohnungen mit Komfortlüftung ist die Raumluftfeuchte im Winter tendenziell eher niedrig, sodass die Wäsche besonders gut trocknet. Zusammen mit tendenziell niedrigeren Waschtemperaturen, die in vielen Fällen ausreichen, kann man hier ebenfalls 0,05 Tonnen pro Jahr einsparen.

Beim Kochen und bei der Beleuchtung (jeweils weitere zehn Prozent des Gesamtverbrauchs) können die einfachen Tipps der Eltern nach wie vor ihre Wirkung zeigen. Der Geschirrspüler fällt mit rund fünf Prozent kaum ins Gewicht; der große Rest (45 Prozent) stammt von Kleinverbrauchern: TV und Audio, DVD- und MP3-Player, Tablets und E-Book-Reader, PC und Drucker, Mobiltelefone, Spielekonsolen und Digitalkameras, Bügeleisen und Staubsauger, Föhn und Rasierapparat, Mikrowelle und Toaster, Wasserkocher und

CO$_2$-Emission durch Haushaltsstrom in Tonnen pro Jahr

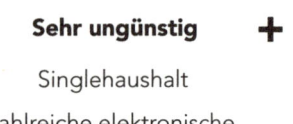

Durchschnitt +|−

Zweipersonenhaushalt
durchschnittliche Geräteausstattung **0,6**

Sehr ungünstig ✚

Singlehaushalt

zahlreiche elektronische
Geräte, alles mittels
Smart Home vernetzt

1,6

Ungünstig ✚

Zweipersonenhaushalt

mit Heimkino;
zahlreiche elektronische
Geräte, alles mittels
Smart Home vernetzt

1,1

Günstig −

Vierpersonenhaushalt

moderate
Geräteausstattung

0,3

144

Espressoautomat, Küchenmaschine und Standmixer, Wasser-
sprudler und Eismaschine und was es sonst noch alles gibt.

Smart Home ist ein weiterer Trend, der mehr Elektronik
und vor allem Stand-by-Verbräuche in unsere Wohnungen
bringt – mit dem hehren Ziel, die vielen Geräte sparsam und
intelligent (worunter in der Regel »mittels App« verstanden
wird) zu steuern. Hier ist die Frage: Welche beziehungsweise
wie viele dieser Geräte haben mir bisher zu meinem Glück
gefehlt?

Smart Home ist nicht gleich energieeffizient. Im Rahmen eines Forschungsprojekts wurde ein Einfamilienhaus mit einer Komfortlüftung ausgestattet. Das Gebäude erhielt aber auch eine automatische, motorisch gesteuerte Fensterlüftung. Eine interessante Idee: In Abhängigkeit vom CO_2-Gehalt sowie von den Innen- und Außentemperaturen entscheidet die Steuerung, ob es sinnvoller ist, die Fenster zu öffnen oder aber die Komfortlüftung zu betreiben. Während der Heizperiode sollte im Wesentlichen die Lüftung betrieben werden, sobald es die Temperaturen aber zuließen, sollten der Strom für die Ventilatoren gespart und die Fenster geöffnet werden.

Das funktionierte auch alles, doch nach dem ersten Betriebsjahr stellte sich heraus, dass der Stromverbrauch viel höher war als erwartet. Die Effizienz der Lüftung wurde hinterfragt, die Leistungsaufnahme der Ventilatoren geprüft, die Betriebsstunden gecheckt… alles unauffällig. Schließlich wurde der Computer, der die Fensterlüftung gesteuert hat, unter die Lupe genommen: Die Dauerleistung für den Rechner inklusive Bildschirm lag bei fast 200 Watt, was für einen zusätzlichen Stromverbrauch von über 1500 Kilowattstunden im Jahr gesorgt hatte. Zum Vergleich: Die Komfortlüftung brachte es auf knapp 300 Kilowattstunden.

Das Experiment ist einige Jahre her; man kann das heute viel besser machen. Trotzdem sollte man kritisch im Auge behalten, was mit »Intelligenz« in Form eines Computers wirklich erreicht werden kann: Ist es einfach nur angenehmer, bequemer oder kann in Summe auch die Effizienz erhöht werden? Gerade im Haushalt sind die Chancen hierfür eher gering.

Der tückische Rebound-Effekt

Energieeffizienz hat das Ziel, weniger Energie für dasselbe Ergebnis einsetzen zu müssen. Oder umgekehrt mehr Ergebnis für eine bestimmte Einheit Energie zu bekommen. Damit ist neben dem Nutzen auch schon die Gefahr der Effizienzbewegung erklärt: Wo immer die Effizienz erhöht wird, kann beides passieren. Es wird weniger Energie eingesetzt oder es wird mehr Ergebnis produziert. Man spricht vom Rebound-Effekt. Die erreichte Effizienzerhöhung führt zu weniger Energieeinsatz und geringeren Kosten, was dazu verleiten kann, sich etwas weniger sparsam zu verhalten. Dieser Rebound-Effekt konnte in den letzten Jahren bei Haushaltsgeräten besonders gut beobachtet werden. Die Effizienz vieler elektrischer Verbraucher hat sich eklatant verbessert: Leuchtmittel, Kühl- und Gefrierschränke, Geschirrspüler und Waschmaschinen, TV und PC – der spezifische Energieverbrauch konnte vielfach um mehr als die Hälfte gesenkt werden. Dennoch ist der Stromverbrauch von Haushaltsgeräten inklusive Kommunikation in Deutschland zwischen 2005 und 2015 gestiegen. Nur ein paar Prozent, aber doch: Wir verfügen über eine viel größere Anzahl an elektrischen und elektronischen Geräten.

Da sich die Erneuerung eines funktionsfähigen Gerätes der Effizienz wegen meist aufgrund der Kosten und der Herstellenergie nicht lohnt, lautet die Devise: Neuanschaffung, wenn notwendig, aber dann mit der höchsten verfügbaren Effizienzklasse. Auf diese Weise wird der Bestand sukzessive auf Topniveau gebracht und der gesamte Verbrauch im Lauf der nächsten Jahrzehnte um rund 50 Prozent gesenkt. Aber nur dann, wenn Gesamtanzahl der Geräte und Betriebsdauer nicht weiter zunehmen!

Hintergrundinfo:
Die Stromversorgung der Zukunft

Nicht nur für den Haushaltsstrom, auch für viele andere Anwendungen wird in Zukunft elektrische Energie benötigt. Letzten Endes sollen ja mehr oder weniger alle fossilen Energieträger der Vergangenheit angehören. Die wichtigste Energiequelle im zukünftigen erneuerbaren Energiesystem wird aus mehreren Gründen die **Windenergie** sein. Die Stromgestehungskosten von Windkraftanlagen auf dem Festland (Onshore) sind bereits heute niedriger als jene aus Steinkohle- oder Gaskraftwerken. Auch die externen Kosten der Stromerzeugung, die von der Allgemeinheit getragen werden müssen, sind im Vergleich zur konventionellen Stromproduktion viel geringer. Obwohl natürlich auch die Produktion von Windkraftanlagen Rohstoffe und Energie benötigt, ist die umgelegte CO_2-Emission mit weniger als 10 Gramm pro Kilowattstunde die niedrigste aller erneuerbaren Energiequellen.

Dass zudem fast zwei Drittel des Jahresertrags im Winterhalbjahr geerntet werden können, macht die Windkraft zum Star der Erneuerbaren. Der Ausbau der Jahresleistung auf das Vierfache des heutigen Niveaus stellt den wichtigsten Bestandteil des 100-Prozent-Erneuerbar-Szenarios dar. Das erfordert einen noch schnelleren, aber durchaus möglichen Ausbau.

Die Photovoltaik schrieb in Deutschland in den letzten Jahren eine Erfolgsgeschichte. In wenigen Jahren wurde ein dezentrales Netz von Photovoltaikanlagen aufgebaut, das heute bereits fünf Prozent des gesamten Strombedarfs bereitstellt. Obwohl der Sonnenstrom mit zunehmendem Ausbau längerfristig gespeichert werden muss, ist dieser weitere Ausbau sinnvoll: Mittelfristig werden die Überschüsse für die Methanherstellung (Prozesswärme Industrie, »Power-To-Gas«, siehe auch Seite 74) verwendet. Der Ausbau muss ebenfalls zügig erfolgen: Die Jahresproduktion wird etwa verdreifacht. Warum der Beitrag des Sonnenstroms nicht größer ist: Neben der saisonalen Diskrepanz zwischen Angebot und Nachfrage weist die Photovoltaik einen kleinen Makel auf: Die Produktion der Module ist in Bezug auf den Ertrag aufwendiger als bei der Windkraft. Rohstoffgewinnung sowie Energieeinsatz bei Produktion und Transport verursachen umgelegt eine CO_2-Belastung zwischen 50 und 90 Gramm pro Kilowattstunde – je nach Zellentyp (mono- oder polykristallin) und Produktionsstandort. Alles in allem ist das viel besser als jede fossile Stromerzeugung, aber doch deutlich schlechter als Windenergie.

Die **Wasserkraft** verhilft insbesondere in Österreich und der Schweiz schon lange zu einem hohen erneuerbaren Anteil der Stromversorgung. Ein massiver Ausbau sollte aus Gründen des Landschaftsschutzes nicht erfolgen; der Beitrag kann bleiben, wie er ist.

148

Ein sehr wichtiger und vielleicht noch unterschätzter Stromlieferant ist die **Biomasse,** hauptsächlich in fester Form, aber auch als Biogas. Das Potenzial an nachhaltig nutzbarer Biomasse ist noch nicht ausgeschöpft, außerdem kann Holz viel mehr als CO_2-neutral verbrennen. Wie bereits geschildert, liefern moderne Holzgaskraftwerke Strom, Wärme und wertvolle Biokohle (siehe Seite 39). Als Stromlieferant bietet die Biomasse den zentralen Vorteil der bereits gespeicherten, lagerbaren Energie. Das macht sie zur gefragtesten Energiequelle zu Spitzenlastzeiten.

KATEGORIE HAUSHALTSSTROM

Auch hier wird der Strommix der Europäischen Union angesetzt – ein individuell erhöhter Anteil erneuerbarer Energien oder die Verwendung von Ökostrom kann hier nicht abgebildet werden. Wenn Warmwasser und/oder Heizung auch elektrisch betrieben werden, ist der Stromverbrauch ebenfalls zu berücksichtigen – einfach die Gesamtsumme betrachten. Die Summe wird dann im höheren Bereich zu liegen kommen, dafür entfallen die Emissionen dann im Bereich Bauen und Wohnen.

START ↓

		Haushaltsgröße (Personen)					
	kWh	1	2	3	4	5	6
STROMVERBRAUCH LT. JAHRESABRECHNUNG	bis 1000	6	3	2	2	1	1
	1000 – 2000	12	6	4	3	2	2
	2000 – 3000	20	10	7	5	4	3
	3000 – 4000	28	14	9	7	6	5
	4000 – 5000	36	18	12	9	7	6
	5000 – 6000	44	22	15	11	9	7
	über 6000	56	28	19	14	11	9

SUMME **HAUSHALTSSTROM:**

4	10	**12**	15	20	25	30	**32**

0,6 TONNEN CO$_2$ PRO JAHR

Mit diesem Thema hat sich **Christina** wenig auseinandergesetzt. Sie haben die Wohnung in der Kleinstadt zwar gekauft und konnten die Elektrogeräte auch selbst aussuchen, aber da war die Effizienz nicht das bestimmende Thema. Was sie mittlerweile schade findet – aber es lohnt sich natürlich auch nicht, vollkommen intakte Geräte durch modernere zu ersetzen, nur um jährlich ein- oder zweihundert Euro einzusparen. Auch wenn sich das in Zukunft noch ändern wird: Derzeit entspricht der Zweipersonenhaushalt von Christina einfach dem Durchschnitt.

0,5 TONNEN CO$_2$ PRO JAHR

Anna konnte sich die Elektrogeräte in ihrer Küche nicht aussuchen, dass sie aber modern waren, sah man auf den ersten Blick. Jedenfalls freute sie sich bei der ersten Stromrechnung: In ihrer vorherigen Wohnung war sie fast doppelt so hoch. Das liegt daran, dass der Vermieter bei der Renovierung der Küche nur die effizientesten Geräte und in der ganzen Wohnung LED-Beleuchtung installieren ließ. Nachteilig wirkt sich hier aber das Singledasein aus. Der Kühlschrank muss eben laufen, egal ob Lebensmittel für eine oder für vier Personen drin sind. Anna muss die Emissionen des Haushaltsstroms alleine schultern und kommt deshalb nur knapp unter den Durchschnitt.

BERNHARD
52

0,1 TONNEN CO_2
PRO JAHR

1986, im Jahr der Reaktorkatastrophe von Tschernobyl, bezog **Bernhard** als Student seine erste Mietwohnung. Er machte sich erstmals Gedanken über den Bedarf an elektrischer Energie, etwa was es für eine Qualität ist, sie nutzen zu können, mit welchem Aufwand, mit welchen Gefahren die Erzeugung aber verbunden sein kann. Seitdem ist er – was Energieverbrauch und -kosten anbelangt, ein richtiger Freak. Im Eigenheim kam später deshalb natürlich nur das marktbeste Equipment infrage. Die Ausstattung mit elektrischen Geräten ist weder spartanisch noch übertrieben – aber auf die Standbyverbräuche hat er es abgesehen: Kaum ein Gerät, das unnötig am Netz hängt. Und nachdem Bernhard vor ein paar Jahren noch eine Photovoltaikanlage installiert hat (mit 2 kWpeak gar nicht so groß), deckt er die Hälfte des ohnehin schon geringen Bedarfs direkt mit der Sonne ab. Zusätzlich speist er noch eine beträchtliche Menge Strom ins Netz ein, was er in seiner Betrachtung aber gar nicht berücksichtigt. Auf diese Art und Weise – und weil der Stromverbrauch auf vier Köpfe aufgeteilt wird – liegt die Emission nur noch knapp über null.

Die CO_2-Bilanz im Hinblick auf den Stromverbrauch verbessern – so geht's:

- energieeffiziente LED-Beleuchtung einsetzen

- sich Haushaltsgeräte der besten Effizienzklasse leisten und sich an den niedrigen Stromkosten erfreuen

- eine Kühl-Gefrier-Kombination einer eigenen Tiefkühltruhe vorziehen

- die Wäsche in der Wohnung zum Trocknen aufhängen und sich sowohl die Anschaffung als auch die Betriebskosten des Trockners ersparen

- möglichst wenige Geräte mit Standbybetrieb verwenden

- alle elektrischen Geräte bewusst und sparsam einsetzen

- sich dem Smart-Home-Trend entziehen

- einen Teil des Strombedarfs über eine eigene Photovoltaikanlage selbst erzeugen

- in einem Haushalt mit mehreren Personen zusammenleben

Bauen und Wohnen

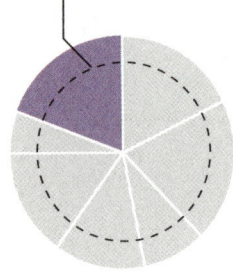

Reduktionsziel durch Lebensstil

1,9 TONNEN

Mit **1,9 Tonnen** einer der größten Einzelposten: Bauen, Heizen, Trinkwassererwärmung.

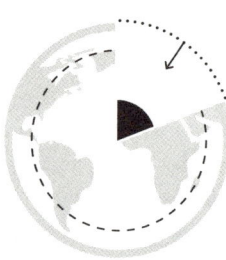

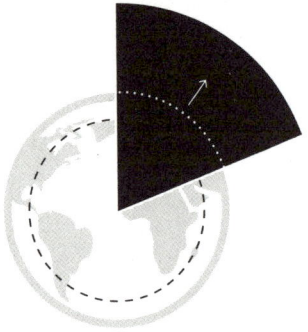

Die Emissionen für Heizung und Warmwasser können fast auf Null reduziert werden. Der Aufwand für die Errichtung bleibt aber: **Minimum 0,2 Tonnen.**

Sechs Tonnen? Kein Problem: Große Fläche, schlecht gedämmtes Gebäude, Ölheizung…

Flächen gut nutzen, langfristig wirtschaftlich bauen, Heizen mit erneuerbaren Energien: In diesem konkreten Beispiel wurden die Pro-Kopf-Emissionen für Heizung und Warmwasser um über 99 Prozent gesenkt.

EINFAMILIENHAUS
freistehend, 60er-Jahre

Schlechter Baustandard
Ölheizung

2 Personen

6,00

CO$_2$-Emission pro Person
in Tonnen pro Jahr

Im Vergleich auf der gleichen Grundstücksfläche …

ZWEI MEHRFAMILIENHÄUSER

Passivhausstandard,
Biomasseheizung und
Solaranlage

0,05

27 Personen

Bauen und Wohnen

D ie Möglichkeiten, die persönliche CO_2-Bilanz in diesem Bereich zu beeinflussen, sind in hohem Maße von der persönlichen Situation abhängig. Wer eine Wohnung mietet, kann sich den Energiestandard in der Regel nicht aussuchen. Auch beim Kauf einer Eigentumswohnung spielt der Energieverbrauch oft nur eine untergeordnete Rolle. Wer hingegen in einem Eigenheim wohnt oder selbst baut – alleine oder mit anderen zusammen –, ist in der Lage, die Emissionen ganz relevant zu reduzieren. Unabhängig davon aber gilt für alle Wohngebäude, dass ein sehr hoher energetischer Standard heute wirtschaftlich erreicht werden kann: Die Mehrkosten für bessere Qualität lohnen sich in Form von reduzierten Heizkosten beim neu errichteten Mehrfamilienhaus ebenso wie bei der Sanierung eines in die Jahre gekommenen Einfamilienhauses.

Berufsbedingt hat mich dieses Thema immer schon sehr interessiert. Noch lange bevor wir unser Eigenheim errichtet haben, versuchte ich, ein Gemeinschaftsprojekt zu initiieren, warb um Interessenten, suchte nach einem Baugrund und ließ eine Wohnanlage entwerfen. Aufgrund von Schwierigkeiten mit dem Grund-

besitzer scheiterte der Anlauf aber kurz vor Abschluss. Wir wollten die Idee des gemeinsamen Bauens schon fast aufgeben, trafen dann aber glücklicherweise auf einen Architekten, der uns einen interessanten Vorschlag präsentierte. Ein Einfamilienhaus aus den 60er-Jahren wurde schon seit längerer Zeit zum Verkauf angeboten, es stand auf einem relativ großen Grundstück, sodass der Preis sehr hoch war. Der Architekt schlug nun vor, das (energetisch sanierungsbedürftige) Einfamilienhaus abzutragen und auf dem Grundstück eine Wohnanlage für acht Familien zu errichten. Wir konnten uns schnell für das Projekt erwärmen und gingen wieder auf die Suche nach Miterrichtern – zwei Jahre später bezogen wir unsere Passivhaus Wohneinheit. Die Bilanz: Wo zuvor eine Familie wohnte, fanden nun acht Familien ihr Zuhause; der Energieverbrauch dieser acht Familien liegt heute aber nur bei der Hälfte dessen, was das Einfamilienhaus im schlechten energetischen Standard benötigte.

Das gemeinsame Bauen hat seine Tücken, die Planung ist mühsamer, vielleicht dauert sie auch länger. Das Gestalten der Verträge ist anspruchsvoll. Auch das Zusammenleben bietet nicht nur Vorteile, und doch überwiegen sie deutlich. Was ich am Entstehungsprozess am meisten geschätzt habe, ist das gemeinsame Arbeiten, das Kennenlernen und Respektieren anderer Bedürfnisse. Die eigenen Vorstellungen zu verfolgen, aber auch aufeinander einzugehen. Der Begriff Zusammenrücken fällt mir hierzu ein. Ich glaube, dass ich in dieser Phase (die 20 Jahre her ist) sehr viel gelernt habe.

157

Eine einfache Möglichkeit der Beeinflussung liegt in der Größe der Wohnfläche: Jeder Quadratmeter muss gebaut und beheizt werden – der Durchschnittswert liegt hierzulande bei etwa 45 Quadratmeter pro Person. Diesen Wert relevant zu unterschreiten ist für die meisten Menschen kein erstrebenswertes Ziel – aus verständlichen Gründen. Umgekehrt ist es aber schon von Bedeutung, wenn man beispielsweise alleine auf einer Fläche von 150 Quadratmetern oder mehr wohnt. Hier können dann auch mit größten Anstrengungen im Bereich der Effizienz nur Teilerfolge erzielt werden. Ebenso ungünstig schlägt dementsprechend ein Zweitwohnsitz zu Buche.

Ressourcenschonend bauen

Gebäude benötigen nicht nur während des Betriebs Energie, sondern bereits bei der Errichtung. Dabei üben Wohnlage und Wohnform einen durchaus wesentlichen Einfluss aus. Schon die Wahl des Gebäudestandorts ist eine Frage der Effizienz. Zufahrt, Kanal-, Wasser- und Stromanschlüsse können in einem gut erschlossenen Gebiet mit vernachlässigbarem Ressourceneinsatz errichtet werden. Bei einem Einfamilienhaus im Niemandsland können diese Aufwände hingegen leicht so groß werden wie jene für die Errichtung des Gebäudes selbst!

158

Wenig bekannt ist der Einfluss der Kompaktheit eines Gebäudes. Ein großvolumiges Gebäude schneidet grundsätzlich besser ab, weil das Verhältnis von Außenhülle zu Volumen günstiger ist. In die Außenhülle werden die meisten Ressourcen gesteckt und die Lebensdauer der Bauteile ist geringer als jene der tragenden Innenkonstruktion. Ein Mehrfamilienhaus verursacht also – pro Quadratmeter – weniger Emissionen als ein Reihenhaus, das wiederum besser abschneidet als ein freistehendes Einfamilienhaus. Ansonsten sind die Errichtungsemissionen eine Frage der Materialwahl. Liegt der auf die Person umgelegte Mittelwert bei rund 0,3 Tonnen pro

Jahr, kann mit energiearmen Baustoffen wie Holz und anderen Naturmaterialien eine Reduktion um bis zu zwei Drittel (bei 45 Quadratmeter Wohnfläche pro Person also von 0,3 auf 0,1) erreicht werden. Umgekehrt ist ein überdurchschnittlich hoher Anteil von energieintensiven Baustoffen wie Stahlbeton, Ziegel, Metall und Glas leicht in der Lage, den Wert gegenüber dem Durchschnitt um ein Drittel (auf 0,4 Tonnen pro Jahr) anzuheben. Diese Werte beziehen sich jeweils auf den heutigen Gebäudemix. Für Einfamilienhäuser gelten tendenziell noch höhere, für Mehrfamilienhäuser niedrigere Werte.

Die Emissionen während des Betriebs sind auf Heizung und Warmwasser zurückzuführen. Im heutigen Gebäudebestand fallen durchschnittlich 1,3 Tonnen pro Person und Jahr für die Beheizung an, weitere 0,3 Tonnen für das Warmwasser. Betrachtet man nur den Einfluss der Wohnfläche, teilen sich die Emissionen wie auf der folgenden Seite abgebildet auf.

Die Zukunft: Gemeinschaftliches Wohnen und Bauen

Das viel zitierte Einfamilienhaus auf der grünen Wiese schneidet nach diesen Zahlen noch nicht zwingend schlechter ab als ein Mehrfamilienhaus mit guter Anbindung an öffentliche Verkehrsmittel. Höhere Dichte wirkt sich aber stark auf andere Bereiche, insbesondere den privaten Verkehr aus. Kürzere Wege ermöglichen die Nahversorgung zu Fuß, per Fahrrad oder öffentlich, auf Pkw kann immer öfter ganz verzichtet werden, was die Lebensqualität wieder ansteigen lässt. Die Zersiedelung kann im CO_2-Maßstab nicht direkt abgebildet werden, die höheren Erschließungsaufwände belasten aber nicht nur das Budget der Allgemeinheit, sondern auch deren Emissionen.

CO$_2$-Emission durch Bauen und Wohnen

in Tonnen pro Jahr

Wohnfläche pro Person

| 1 m²

0   0,4   0,8   1,2   1,6   2,0   2,4

35 m²

Errichtung des Gebäudes
umgelegt auf die Lebensdauer
(durchschnittlicher Bestand)

45 m²

Warmwasser

55 m²

Beheizung

Man muss sich jedoch nicht zwischen (großem) Einfamilienhaus und (kleiner) Wohnung im Mehrfamilienhaus entscheiden. Gemeinsames Wohnen ermöglicht eine dichte Bauweise und kann in allen Lagen und Größen realisiert werden. Der große Vorteil wirkt sich nur indirekt aus: Es bieten sich Möglichkeiten für die gemeinsame Nutzung – von Räumen, die man sich sonst vielleicht nicht leisten würde, von Gebrauchsgegenständen, vielleicht auch von Autos (in Form des einfachsten Carsharing-Modells). Und letzten Endes bietet das gemeinsame Wohnen sogar die Möglichkeit, sich gegenseitig mit unterschiedlichen Fähigkeiten zu unterstützen, was vielleicht noch an Bedeutung gewinnen wird.

Sieben Stock Dorf

Barbara Nothegger beschreibt in ihrem Buch »Sieben Stock Dorf« (siehe Büchertipps auf S. 206) ihre persönlichen Erfahrungen mit einem gemeinschaftlichen Wohnprojekt: vom Wert großer Fahrräräume und gemeinsamer Kleinwerkstatt, welche Möglichkeiten das gemeinsame Wohnen bietet, wie sich gute Nachbarschaft auf die Lebensqualität auswirkt, aber auch welche Herausforderungen zu meistern sind. Die eingearbeiteten Studien und Vergleiche zu anderen Wohnprojekten im deutschsprachigen Raum liefern über den persönlichen Erfahrungsbericht hinaus wertvolle und sachliche Informationen.

Bei der nachfolgenden Darstellung ist zu beachten, dass sie für den durchschnittlichen Heizenergiebedarf gilt. Der Einfluss von schlechterer oder besserer Effizienz wird anschließend berücksichtigt.

CO$_2$-Emission durch Wohnform

in Tonnen pro Jahr

Durchschnitt +|−

Zweipersonenhaushalt
in einer 90 m² Wohnung

durchschnittlicher Warmwasserverbrauch **1,9**

Sehr ungünstig

Single-Penthouse
mit 150 m²

sorgloser Warmwasser-
verbrauch

6,0

Günstig −

Vierpersonenhaushalt
im 140 m² großen
Reihenhaus

sparsamer
Warmwasserverbrauch

1,4

Ungünstig

Drei Personen
im 165 m² großen
Einfamilienhaus

2,2

Heizenergie

Für den Heizenergieverbrauch (1,3 Tonnen pro Jahr) ist hauptsächlich die Gebäudehülle verantwortlich – und nicht die Heiztechnik, wie manchmal angenommen wird. Soll der Kaffee in der Glaskanne der Kaffeemaschine warm bleiben, so muss er auf der Warmhalteplatte stehen, über die ständig Wärme zugeführt wird. Die Hülle aus Glas hat schlechte Dämmeigenschaften. In einer Thermoskanne hingegen kann der Kaffee warm gehalten werden, ohne dass Energie zugeführt werden muss, denn die Thermoskanne verfügt über eine gute thermische Hülle.

Genau gleich verhält es sich im Gebäude: Was nicht verloren geht, muss nicht ersetzt werden – so einfach ist das. Keine zusätzliche, komplizierte Technik, nur etwas mehr Materialaufwand in Form der Wärmedämmung. Dieser Aufwand lohnt sich sowohl finanziell als auch ökologisch. Je nach Material liegt das ökologische Optimum bei Dämmstärken von 25 bis 50 Zentimetern. Das bedeutet, dass erst bei noch dickeren Dämmungen mehr Energie in das Material gesteckt wurde, als im Lauf der Lebensdauer eingespart werden kann.

Sowohl zum energiesparenden und ressourcenschonenden Bauen als auch zum Passivhaus im Speziellen wurde schon so viel geforscht, gelehrt und geschrieben, dass an dieser Stelle nur die wichtigsten Prinzipien des nachhaltigen Bauens aufgeführt sind:

► Kompakte Gebäudehülle, keine unnötigen Ecken und Kanten: Das spart nicht nur jede Menge Energie, sondern auch Kosten.

▶ Gut gedämmte Gebäudehülle: Außenwände, Dach und Kellerdecke werden mit 20 bis 30 Zentimeter dicker Wärmedämmung versehen.

▶ Thermisch hochwertige Fenster: 3-Scheiben-Verglasungen mit gedämmtem Rahmen – Fachleute sprechen von einem »U-Wert« von 0,8 W/m²K oder weniger.

▶ Wärmebrückenfreie und luftdichte Gebäudehülle

Heizwärmebedarf

Repräsentativ für die energetische Qualität eines Gebäudes ist der Heizwärmebedarf. Der Wert wird auf Basis der physikalischen Kennwerte der Gebäudehülle errechnet – also etwa der Dicke der Dämmung, Qualität der Fenster und so weiter. Die Einheit kWh/m²a steht für den Energieverbrauch in Kilowattstunden (kWh), bezogen auf einen Quadratmeter (m²) Wohnfläche, im Zeitraum eines Jahres (a). Altbauten können hier Werte von über 200 kWh/m²a aufweisen. Moderne Gebäude können bis auf 15 kWh/m²a getrimmt werden.

Hält man sich an die oben genannten Prinzipien, kann der Heizwärmebedarf vom heutigen Durchschnitt, gut 100 kWh/m²a, auf etwa 30 kWh/m²a reduziert werden. Auf unserem CO_2-Maßstab können die mittleren 1,3 Tonnen pro Jahr auf 0,4 reduziert werden, immer die durchschnittliche Wohnfläche und den derzeitigen Energiemix vorausgesetzt. Die Mehrkosten für das effizientere Gebäude werden im Lauf der Lebensdauer mehr als eingespart, was viele einschlägige Studien und Feldtests belegen.

Heizwärmebedarf in kWh/m²a

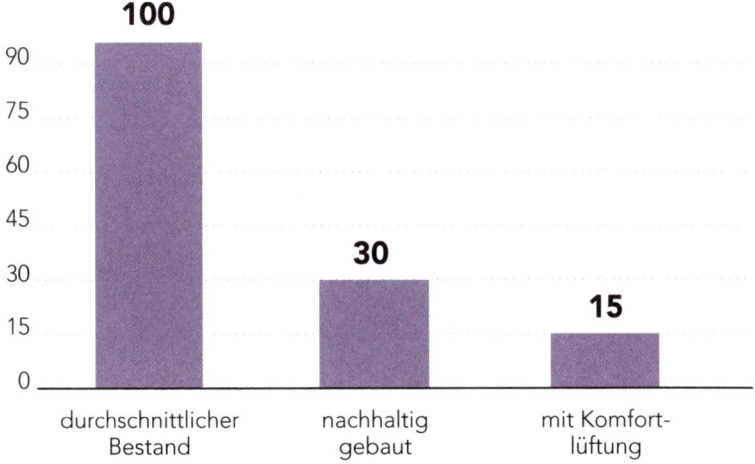

Komfortlüftung

In energieeffizient geplanten Gebäuden verbreitet sich aus mehreren Gründen eine noch verhältnismäßig junge Technologie – die Komfortlüftung mit Wärmerückgewinnung.

Erstens aus energetischen Gründen: Von den auf der vorigen Seite angeführten 30 kWh/m²a wird die Hälfte »zum Fenster hinaus« geheizt. Eine kleine, automatische Lüftungsanlage mit hocheffizienter Wärmerückgewinnung spart fast den gesamten Lüftungsenergiebedarf ein, sodass der Heizwärmebedarf weiter auf 15 kWh/m²a gesenkt werden kann. Einsparung: 0,2 Tonnen CO_2 pro Jahr. Zweitens stellt diese Lüftungsanlage sicher, dass ausreichend gelüftet wird und somit Schimmel und etwaige Schäden an der Bausubstanz zuverlässig verhindert werden. Drittens bietet die Lüftung hohen Komfort: Ständig frische Luft, geräuschlos eingebracht, ist insbesondere im Schlafzimmer ein Segen. Gegenüber dem heutigen Bestand ist durch die schlichte Verringerung des Bedarfs eine Einsparung von 85 Prozent (1,1 Tonnen pro Jahr) erzielbar.

Gebäudehülle ist wichtiger als Technik

Nicht nur die Gebäudehülle, auch die eingesetzte Heiztechnik kann mehr oder weniger effizient sein, das Potenzial
ist hier jedoch viel geringer. Nicht nur, weil der größte Teil
bereits passiv eingespart wurde, sondern auch, weil in der
Gebäudetechnik keine Effizienzsprünge von 80 bis 90 Prozent möglich sind.

Die ernüchternden Zahlen: Bei diesem extrem niedrigen Bedarf, der durch eine optimale Gebäudehülle erreicht wurde,
führt der heutige Mix an Heizungssystemen zu einer Emission
von 0,2 Tonnen pro Jahr. Repräsentativ hierfür ist eine Gasheizung. Eine effiziente Wärmepumpe macht aus einem Teil
Strom vier Teile Wärme; man spricht von einer »Jahresarbeitszahl« von 4. Den heutigen Strommix (EU-28) vorausgesetzt,
reduziert diese Wärmepumpe die Emission für die Heizung
um 0,1 Tonnen pro Jahr auf die Hälfte. Das ist schon beachtlich, eine Jahresarbeitszahl von 5, die mit aufwendiger Technik erreichbar ist, würde aber nur noch weitere 0,02 Tonnen
pro Jahr bringen – also fast nichts mehr.

Das macht deutlich, dass die beschriebenen Einsparungen
durch eine optimierte Gebäudehülle (von 1,3 auf 0,2 Tonnen pro Jahr) von keiner noch so effizienten Technik erreicht
werden können. Anders ausgedrückt: Im typischen Gebäude
des heutigen Bestandes wäre dieselbe hocheffiziente Wärmepumpe nur in der Lage, die Emissionen von 1,3 auf 0,65 Tonnen pro Jahr zu reduzieren, was ein viel schlechteres Gesamtergebnis liefert. Der Fokus der Bemühungen um niedrige
Heizungsemissionen ist deshalb immer auf die Gebäudehülle
zu legen.

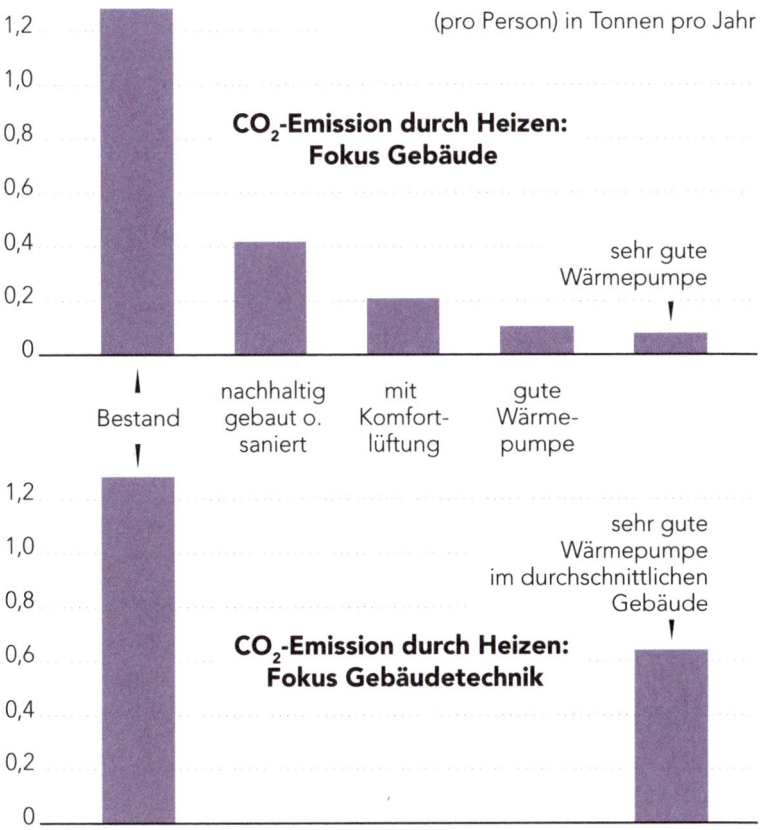

CO₂-Emission durch Heizen: Fokus Gebäude

(pro Person) in Tonnen pro Jahr

sehr gute Wärmepumpe

Bestand — nachhaltig gebaut o. saniert — mit Komfortlüftung — gute Wärmepumpe

CO₂-Emission durch Heizen: Fokus Gebäudetechnik

sehr gute Wärmepumpe im durchschnittlichen Gebäude

Ein zentraler Vorteil von Wärmepumpen liegt darin, dass sie ausschließlich Umgebungswärme und Strom benötigen, wodurch eine Vollversorgung mit erneuerbaren Energien möglich wird. Deshalb wird in Zukunft ein großer Teil aller Gebäude von Wärmepumpen beheizt werden.

*Uns Vorarlbergern sagt man nach, wir würden nicht lange reden,
sondern handeln. Wie das historisch gewachsen ist, weiß ich nicht,
jedenfalls ist das Land mit knapp 400 000 Einwohnern heute hoch
industrialisiert und wirtschaftlich sehr erfolgreich, dennoch gibt es
keine Universität. Es wird – im sprichwörtlichen Sinn – nicht aus
allem eine Doktorarbeit gemacht. So mag es auch gekommen sein,
dass ich Mitte der 1990er-Jahre begonnen habe, ein Wärmepum-
pen-Kompaktgerät für Passivhäuser zu entwickeln. Ich kannte
weder Marktstudien noch Entwicklungsbudgets, war mir aber
sicher, dass diese Herausforderung so groß nicht sein konnte. Ich
hatte ja zuvor schon einfache Lüftungsgeräte gebaut und auch das
erste österreichische Passivhaus mit meiner Technik ausgestattet.
Mit einem sehr engagierten Netzwerk von Mitarbeitern und
Ingenieuren in meinem Umfeld gelang es mir auch, ein Produkt (es
wurde auf den Namen AEREX getauft) auf den Markt zu bringen.
Nachdem es zunächst das Einzige dieser Art war, konnte es nicht
mit anderen verglichen werden.*

*Die Verbrauchswerte waren aber extrem niedrig. Ein sehr frühes
Forschungsprojekt bestätigte das, die Daten waren offiziell: Mit
unserem Gerät wurden Heizkosten von unter 100 Euro (pro Jahr)
erreicht. Darauf war ich stolz. Erst später erkannte ich, dass dies
keine technologische Meisterleistung war: Die Verbräuche waren
so niedrig, weil die Technik in Passivhäusern zum Einsatz kam.
Ob die Effizienz des Gerätes selbst nun zehn Prozent besser oder
schlechter ist, wirkt sich in solchen Fällen nur marginal aus.
Hingegen freue ich mich heute noch darüber, dass ich das Vorha-
ben einfach wagte, versuchte, die von wissenschaftlicher Seite
formulierten Anforderungen zu erfüllen, und das Konzept in die
Praxis einführte.*

Welche Wärmequelle für die Wärmepumpe?

Wie einfach oder aufwendig die eingesetzte Technik nun konkret sein soll, hängt deshalb von der energetischen Qualität des Gebäudes ab: Je niedriger der Verbrauch an Heizenergie, umso einfacher und kostengünstiger kann die Technik sein. Das ist von Bedeutung, weil die Kombination von hoher energetischer Qualität mit hocheffizienter (und aufwendiger) Technik oft unwirtschaftlich wird. Diese Tatsache liefert wiederum ein Argument gegen die Errichtung eines Gebäudes in der hohen Qualität.

Was bedeutet nun hoher oder niedriger Aufwand im Zusammenhang mit Wärmepumpen? Es ist eine Frage der Wärmequelle. Eine Wärmepumpe nutzt Umgebungswärme in verschiedenster Form: Die genutzte Wärmequelle kann Grundwasser im Erdreich sein, das Erdreich selbst, Außenluft oder auch die Restwärme einer Lüftungsanlage. Grundwasser und Erdreich sind im Winter wärmer als die Außenluft, deshalb kann die Wärmepumpe effizienter betrieben werden. Allerdings ist auch der Aufwand höher, um die Wärmequelle zu erschließen – das bedeutet, dass das Gesamtsystem teurer wird.

Wird also bester energetischer Gebäudestandard umgesetzt, kann getrost eine einfache Wärmepumpe mit Luft als Wärmequelle genutzt werden. Ist es aus welchen Gründen immer – beispielsweise im Sanierungsfall – nicht möglich, den Gebäudestandard zu optimieren, lohnt es sich, mehr Geld in die Gebäudetechnik zu stecken: in Form einer aufwendigeren Wärmepumpe, eventuell sogar in Form einer zusätzlichen solarthermischen Anlage.

Fazit: Wenn das Hauptaugenmerk auf die Gebäudehülle gelegt wird, ist man auf maximale Effizienz um jeden Preis nicht angewiesen. Die eingesetzte Technik kann einfacher und kostengünstiger werden. Hocheffiziente Technologien sind hingegen sehr hilfreich, wenn eine optimale Dämmung der Gebäudehülle nicht möglich ist.

Energie für Warmwasser

Um das Warmwasser zum Baden, Duschen, Händewaschen und für andere Zwecke auf Temperatur zu bringen, muss Energie aufgewendet werden, damit sind immer Emissionen verbunden. Die größte Einflussmöglichkeit liegt beim Verbrauch selbst – und hier gibt es sehr große Schwankungen. Der Mittelwert liegt bei rund 40 Litern pro Person und Tag; die individuellen Werte schwanken aber häufig zwischen 20 und 80 Litern. Das reduziert die CO_2-Belastung im besten Fall um 0,15 Tonnen pro Jahr und erhöht sie im schlechtesten Fall um 0,3 Tonnen – das alles beim gegenwärtigen Mix von Warmwassertechnologien.

Das Emissionsniveau wird natürlich auch von der eingesetzten Technik beeinflusst, allerdings nicht in diesem Ausmaß: Eine rein elektrische Warmwasserbereitung erhöht den Wert gegenüber dem Durchschnitt um etwa die Hälfte, mithilfe einer Wärmepumpe und beziehungsweise oder einer Solaranlage können zwei Drittel eingespart werden. Mit einer passiven Maßnahme, in Form einer Duschwasser-Wärmerückgewinnung, könnte ebenso knapp die Hälfte eingespart werden.

Eine weniger effiziente Technik kann also durch sparsamen Verbrauch mehr als kompensiert werden!

CO₂-Emission durch Warmwasserbereitung

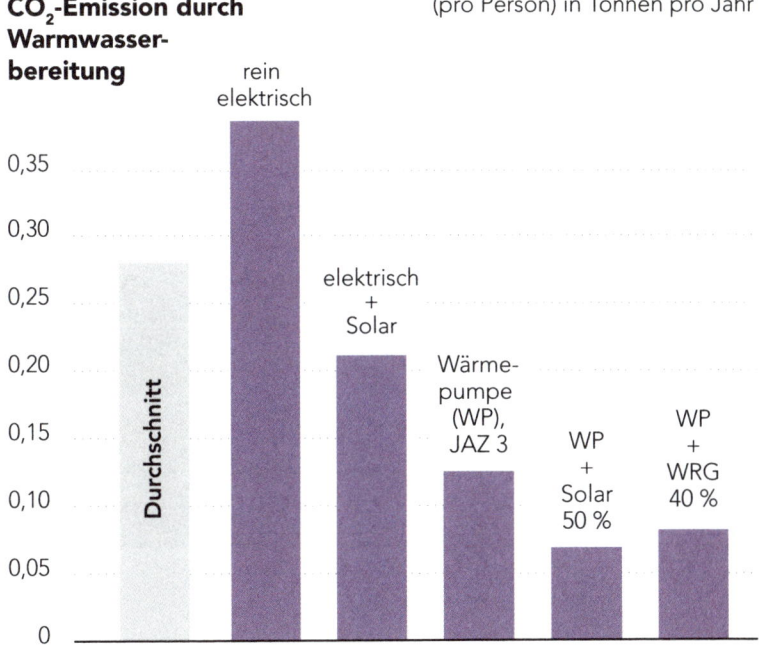

CO$_2$-Emission durch Warmwasserbereitung (pro Person) in Tonnen pro Jahr

Sanierungen: Alles zu seiner Zeit

Unser Gebäudebestand muss im Lauf der nächsten Jahrzehnte auf einen deutlich niedrigeren Energieverbrauch getrimmt werden. Energetische Sanierungen sind erforderlich. Analog zum Neubau geht es auch hier darum, die Außenwände, das Dach und die Kellerdecke mit dicker Wärmedämmung einzupacken, Fenster von hoher Qualität einzubauen und gegebenenfalls auch die Wärmeversorgung zu erneuern. Wann aber ist der richtige Zeitpunkt? Alle Bauteile eines Gebäudes weisen eine technische Lebensdauer auf – nichts hält ewig. Je nach Bauteil und Gestaltung werden 30, 40 oder 50 Jahre angesetzt. Wird die energetische Sanierung dann durchgeführt, wenn das Bauteil ohnehin erneuert oder saniert werden muss, lohnt sich der Mehraufwand für die höhere energetische Qualität. Funktionsfähige Fassaden oder Fenster nur der Energieeinsparung wegen zu ersetzen macht hingegen keinen Sinn.

171

CO$_2$-Emission durch Wohngebäude   in Tonnen pro Jahr

Bereich	Durchschnitt	Best Practice
Errichtung des Gebäudes	0,30	0,10
Wärmeverluste Gebäudehülle	1,05	0,15
Lüftungswärmeverluste	0,25	0,05
Effizienzverbesserung Heizungstechnik	–	-0,10
Warmwasserbereitung	0,30	0,10
GESAMT	1,90	0,30

Planvoll sanieren

Die Devise lautet also: Wenn Sanierung, dann auf bestes energetisches Niveau. Halbherzige Sanierungen auf mittleres Energieniveau verbauen die Chancen auf Jahrzehnte! Besser eine Komponente nach der anderen, dafür immer die zum jeweiligen Zeitpunkt beste verfügbare Qualität. Auf diese Art und Weise ist der größte Teil des Gebäudebestands in den nächsten 30 Jahren zu schaffen.

Großes Potenzial

Insgesamt ist das Potenzial zur Verringerung des CO$_2$-Ausstoßes im Bereich Bauen und Wohnen enorm. Wohnlage und Wohnform bieten bereits vielfältige Möglichkeiten, die Emissionen zu reduzieren. Darüber hinaus können mit ressourcenschonender Bauweise und hohem energetischen Standard Reduktionen von 85 Prozent leicht erreicht werden. Weil die heute gefällten Entscheidungen über Jahrzehnte Wirkung zeigen, sind sie von besonderer Bedeutung.

Hintergrundinfo:
Heizen mit 100 Prozent Erneuerbaren

Mit den beschriebenen Maßnahmen ist es möglich, die Emissionen des Bereichs Bauen und Wohnen auf ein Minimum von 0,3 Tonnen pro Person und Jahr zu reduzieren. In vielen Fällen wird eine Wärmepumpe zum Einsatz kommen, der benötigte Strom stammt idealerweise aus erneuerbaren Energiequellen. Die Idee, eine ausreichend große Photovoltaikanlage zu installieren, ist reizvoll, aber nicht zielführend: Wenn am meisten Wärme benötigt wird, steht am wenigsten Sonnenstrom zur Verfügung – das geht sich nicht aus. Sonne und Wind ergänzen sich in dieser Hinsicht aber gut: Während Sonnenstrom hauptsächlich im Sommer geerntet wird, liefern Windkraftanlagen rund 60 Prozent ihres Ertrags im Winterhalbjahr. Das Heizen mit 100 Prozent erneuerbarer Energie wird also durchaus realistisch, wenn der Umbau der Energieversorgung abgeschlossen ist.

Mit dem Abschalten der Kohlekraftwerke und dem gleichzeitigen Ausbau von Wind und Sonne ist es allerdings noch nicht getan: Der Ertrag der Erneuerbaren kann nicht beliebig gesteuert werden, die Energie muss zumindest teilweise gespeichert werden.

Wie bereits beschrieben, kann die Elektromobilität kurzfristige Speicherkapazität bereitstellen *(siehe »Speicherschwarm« Seite 64-66)*. Aber auch Gebäude mit geringem Energiebedarf sind prädestiniert, Überschussenergie in ihrer Masse zu speichern und mit Verzögerung wieder abzugeben. »Smart Grid« heißt das Schlagwort hierzu: Der Energieversorger liefert ein Signal, wenn billiger Überschussstrom verfügbar ist, und die strombasierte Gebäudetechnik reagiert darauf – die Steuerung der Wärmepumpe setzt (im Winter) die Raumsolltemperatur um ein oder zwei Grad nach oben. Das Gebäude wird geringfügig überheizt und die Wärme in der Masse des Gebäudes gespeichert. Die Abkühlung, also die Entladung des Speichers, dauert mehrere Stunden oder sogar einige Tage. Erst bei Unterschreitung der eigentlichen Solltemperatur wird die Wärmepumpe wieder aktiviert – unabhängig von der Verfügbarkeit des billigen Stroms.

Auch die wertvolle Spitzenlastabdeckung durch Strom aus Biomasse *(siehe Seite 147-148)* kommt nun zum Tragen; ganz ohne längerfristige Speichermöglichkeiten wird es dennoch nicht gehen. Sogenannte kalte Dunkelflauten müssen überbrückt werden: Im Winter, wenn viel Energie benötigt wird, mehrere Tage die Sonne nicht scheint und zudem noch Windstille herrscht, muss die Energieversorgung aufrechterhalten werden können.

Die dafür erforderlichen Energiemengen werden aus heutiger Sicht am besten in Form von Wasserstoff gespeichert: (Erneuerbare) Stromüberschüsse werden verwendet, um mittels Elektrolyse Wasserstoff zu erzeugen, der Fachbegriff hierfür ist Power-to-Gas oder P2G *(siehe Seite 74)*. Der Wasserstoff wird gespeichert; die Rückverstromung erfolgt mittels Brennstoffzelle – die im Wasserstoff gespeicherte Energie wird wieder in elektrischen Strom umgewandelt.

Diese Technologien sind bereits frei von Kinderkrankheiten, aber noch teuer. Mit zunehmender Verbreitung wird sich das relativieren.

KATEGORIE BAUEN UND WOHNEN

Hier gibt es zwar eine Reihe von Auswahlmöglichkeiten, es sind aber nur zwei Werte auszuwählen: einer für die Errichtung des Gebäudes und einer für Heizung und Warmwasser.

START ↓

	Wohnform und Bauweise	Wohnungsgröße	Haushaltsgröße (Personen)					
			1	2	3	4	5	6
ERRICHTUNG UND INSTANDHALTUNG	Wohnung im Mehrfamilienhaus, Massivbauweise	bis 40 m²	4	2	1	1	1	1
		40 – 70 m²	6	3	2	2	1	1
		70 – 100 m²	9	5	3	2	2	2
		100 – 150 m²	14	7	5	3	3	2
		über 150 m²	19	9	6	5	4	3
	Wohnung im Mehrfamilienhaus, Mischbauweise	bis 40 m²	2	1	1	1	0	0
		40 – 70 m²	4	2	1	1	1	1
		70 – 100 m²	6	3	2	2	1	1
		100 – 150 m²	9	4	3	2	2	1
		über 150 m²	12	6	4	3	2	2
	Wohnung im Mehrfamilienhaus, Holzleichtbauweise	bis 40 m²	1	1	0	0	0	0
		40 – 70 m²	2	1	1	0	0	0
		70 – 100 m²	3	2	1	1	1	1
		100 – 150 m²	4	2	1	1	1	1
		über 150 m²	6	3	2	2	1	1

Wohnform und Bauweise	Wohnungsgröße	Haushaltsgröße (Personen)					
		1	2	3	4	5	2
Ein- oder Zweifamilienhaus, Massivbauweise	bis 100 m²	14	7	5	4	3	2
	100 – 150 m²	19	10	6	5	4	3
	150 – 220 m²	29	14	10	7	6	5
	220 – 300 m²	40	20	13	10	8	7
	über 300 m²	54	27	18	14	11	9
Ein- oder Zweifamilienhaus, Mischbauweise	bis 100 m²	10	5	3	2	2	2
	100 – 150 m²	13	7	4	3	3	2
	150 – 220 m²	20	10	7	5	4	3
	220 – 300 m²	28	14	9	7	6	5
	über 300 m²	37	19	12	9	7	6
Ein- oder Zweifamilienhaus, Holzleichtbauweise	bis 100 m²	5	3	2	1	1	1
	100 – 150 m²	7	4	2	2	1	1
	150 – 220 m²	11	5	4	3	2	2
	220 – 300 m²	15	8	5	4	3	3
	über 300 m²	20	10	7	5	4	3

Heizung

Für die Heizungsemissionen wählen Sie bitte einen der Energieträger Öl, Gas oder Biomasse. Falls Ihr Gebäude elektrisch, zum Beispiel mittels Wärmepumpe, versorgt wird, findet sich der Energieverbrauch in der Stromabrechnung – die Emissionen wurden dann bereits im Bereich Haushaltsstrom berücksichtigt. Sollte das Gebäude mittels Fernwärme versorgt werden, ist die Einschätzung hier leider nicht möglich, da die Emissionen vom Erzeugerpark abhängig sind. Setzen Sie für diesen Fall einen Wert zwischen 20 (für neuere Gebäude) und 40 (für ältere) ein.

		Verbrauch	Haushaltsgröße (Personen)					
			1	2	3	4	5	6
HEIZUNG UND WARMWASSER	Öl	bis 250 Liter – entspricht ca.150 €	17	9	6	4	3	3
		250 – 500 Liter – entspricht ca. 280 €	32	16	11	8	6	5
		500 – 1000 Liter – entspricht ca. 560 €	64	32	21	16	13	11
		1000 – 2000 Liter – entspricht ca. 1100 €	128	64	43	32	26	21
		2000 – 4000 Liter – entspricht ca. 2200 €	256	128	85	64	51	43
		über 4000 Liter – entspricht ca. 3800 €	427	213	142	107	85	71
	Gas	bis 250 m³ – entspricht ca. 140 €	11	6	4	3	2	2
		250 – 500 m³ – entspricht ca. 260 €	21	10	7	5	4	3
		500 – 1000 m³ – entspricht ca. 520 €	42	21	14	10	8	7
		1000 – 2000 m³ – entspricht ca. 1000 €	83	42	28	21	17	14
		2000 – 4000 m³ – entspricht ca. 2100 €	167	83	56	42	33	28
		über 4000 m³ – entspricht ca. 3500 €	278	139	93	69	56	46
	Biomasse	bis 500 kg	1	1	0	0	0	0
		500 – 1000 kg	2	1	1	1	0	0
		1000 – 2000 kg	4	2	1	1	1	1

	Haushaltsgröße (Personen)					
Verbrauch	1	2	3	4	5	6
2000 – 4000 kg	9	4	3	2	2	1
4000 – 8000 kg	18	9	6	4	3	3
über 8000 kg	30	15	10	7	6	5

SUMME **BAUEN UND WOHNEN:**

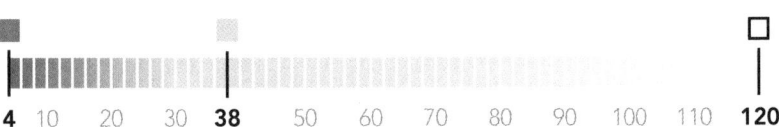

4 10 20 30 **38** 50 60 70 80 90 100 110 **120**

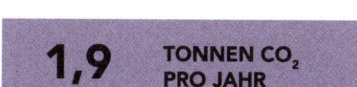

ANNA
32

1,9 TONNEN CO$_2$
PRO JAHR

Das Gebäude in dem **Anna** ihre Singlewohnung hat, ist Mitte der 90er-Jahre gebaut worden, mit einem für die damalige Zeit üblichen Energiestandard und auch in üblicher (Massiv-)Bauweise. Heizung und Warmwasserbereitung erfolgen über eine zentrale Gasheizung.
Der Heizenergiebedarf pro Quadratmeter ist zwar mit einer Kennzahl 70 kWh/m²a geringer als der durchschnittliche Bestand, weil Anna aber alleine auf 60 Quadratmetern wohnt, muss sie dennoch eine Emission in Kauf nehmen, die gerade im Durchschnitt liegt.

CHRISTINA
43

0,5 TONNEN CO$_2$
PRO JAHR

Beim Kauf der Wohnung spielte das nur eine untergeordnete Rolle, aber es störte **Christina** und ihren Partner natürlich nicht, dass die Wohnanlage an ein Fernwärmenetz angeschlossen wurde. Das Netz wird von einem nahegelegenen Biomasse-Heizwerk gespeist, das den ganzen Stadtteil versorgt. Das Gebäude selbst wurde als Massivbau errichtet, der Heizenergiebedarf ist recht niedrig – auch wenn es nicht an ein Passivhaus herankommt. Alles in allem liegt die Emission durch den Einsatz des erneuerbaren Energieträgers nur bei einem Viertel des Üblichen.

BERNHARD
52

0,3 TONNEN CO_2
PRO JAHR

Auch das Gebäude von **Bernhard** wurde noch im vorigen Jahrhundert gebaut. Als Energiefreak war ihm aber von Anfang an klar, dass es ein Passivhaus werden musste. Obwohl das damals noch eine echte Rarität war: Nicht nur im Dorf, sondern im Umkreis von 50 Kilometern war es das erste dieser Art. Man kann sich vorstellen, was das damals auf dem Land für Fragen aufwarf – wird es auch wirklich warm in diesem Haus? Hundert Euro Heizkosten im Jahr – wie soll das gehen? In den ersten Jahren führte Bernhard einige Hundert Interessierte durch sein Haus. Viele davon wohnen heute selbst in einem Passivhaus. Weil das bereits beim Bauen Ressourcen schont, entschieden sich Bernhard und seine Frau für einen Holz-Leichtbau. Übrigens ohne Keller, was damals ein besonderes Kuriosum war. Das Gebäude brauchte keine konventionelle Heizung; die wenige Wärme, die benötigt wird, stellt eine Mini-Wärmepumpe bereit. Dass die 85-prozentige Einsparung gegenüber dem Durchschnitt nicht nur in der Theorie erreicht wird, weiß Bernhard nun seit über 20 Jahren.

Die CO_2-Bilanz im Hinblick auf die Wohnsituation verbessern – so geht's:

Wenn Sie eine Wohnung mieten oder kaufen wollen, verbessern Sie Ihre CO_2-Bilanz, indem Sie:

- auf möglichst niedrigen Energiebedarf gemäß Energieausweis achten

- ein Gebäude in Holzleichtbauweise einem Massivbau vorziehen

- ein Gebäude mit Wärmepumpe oder Fernwärmeversorgung einem Gebäude mit Gas- oder Ölheizung vorziehen

- sich kostenbewusst nur jene Fläche leisten, die Sie wirklich brauchen

Wenn Sie selbst bauen wollen, verbessern Sie Ihre CO_2-Bilanz, indem Sie:

- eine Wohnung in einem gemeinsam errichteten Mehrfamilienhaus einem Einfamilienhaus vorziehen

- nicht mehr als die übliche Wohnnutzfläche für sich beanspruchen

- in einem bereits gut erschlossenen Gebiet bauen

- das Gebäude in Holzleichtbauweise errichten

- auf lange Lebensdauer der eingesetzten Materialien achten

- das Gebäude in einem sehr guten energetischen Standard errichten (Heizwärmebedarf idealerweise bei 15 kWh/m²a).

- eine schlanke, robuste, an den energetischen Standard angepasste Gebäudetechnik einsetzen

Wenn Sie in einem bestehenden Eigenheim mit hohem Energieverbrauch wohnen, verbessern Sie Ihre CO_2-Bilanz, indem Sie:

- eine kompetente und seriöse Beratung für energetische Sanierungen in Anspruch nehmen

- für jedes sanierungsbedürftige Bauteil den jeweils besten energetischen Standard wählen

- jedes Bauteil dann ersetzen, wenn es ohnehin ersetzt oder saniert werden müsste

Jedenfalls reduzieren Sie Ihre CO_2-Bilanz, indem Sie:

- Die Raumtemperaturen nicht höher einstellen als nötig

- diszipliniert lüften oder die Vorzüge einer Komfortlüftung genießen

- sparsam mit Ihrem Warmwasser umgehen

Und noch ein paar Tipps für die heißen Tage – um stromfressende Klimaanlagen zu vermeiden:

- Betätigen Sie den Sonnenschutz, sobald die Sonne durch das Fenster scheint. Auch wenn es noch nicht unerträglich warm ist – das Gebäude heizt sich sonst unnötig auf.

- Lüften Sie in der Nacht, wenn es draußen kühler ist als im Gebäude – zwischen zehn Uhr abends und zehn Uhr morgens. Einige Stunden in diesem Zeitfenster querlüften wirkt Wunder.

- Halten Sie tagsüber die Fenster geschlossen. Wenn es draußen heiß ist, kommt beim Lüften noch mehr Wärme in den Raum.

Auswertung
Test

Auswertung Test
Übertrag aus den einzelnen Kapiteln

Summe **Ernährung** .... _____

Summe **Private Mobilität** .... + _____

Summe **Urlaub und Fliegen** .... + _____

Summe **Freizeit, Sport und Haustiere** ..... + _____

Summe **Sonstiger Konsum** .... + _____

Summe **Haushaltsstrom** .... + _____

Summe **Bauen und Wohnen** .... + _____

SUMME **INSGESAMT:**

Auflösung

ÜBER **400** PUNKTE:

Oje. Sie gehören zu den Spitzenreitern, in negativer Hinsicht. Egal woran Ihr hoher Score liegt, es muss Alternativen geben. Bitte prüfen Sie diese! Weniger ist mehr!

281 – 400 PUNKTE:

Na ja, mit dieser Performance sind Sie leider noch ein Teil des Problems und nicht der Lösung. Ihre Emissionen liegen 50 bis 100 Prozent über dem Durchschnitt und etwa dreimal so hoch wie nötig. Lassen Sie mich raten: Fliegen Sie viel? Oder müssen Sie eine weite Strecke zur Arbeit pendeln? Werfen Sie einen Blick auf die Big Points – wäre eine Veränderung wirklich mit weniger Lebensqualität verbunden?

201 – 280 PUNKTE:

Ihre Emissionen liegen über dem Durchschnitt. Sie leisten noch keinen Beitrag zum Klimaschutz, viel kann aber nicht fehlen: Sicher finden Sie ein, zwei Bereiche mit besonders hoher Punktzahl. Überprüfen Sie, ob eine Reduktion nicht auch mit Entlastung (die Sie sich vielleicht schon lange wünschen?) verbunden wäre.

141 – 200 PUNKTE:

Sie sind auf dem richtigen Weg: Ihre Emissionen liegen bereits unter dem Durchschnitt. Dennoch scheint es Luft nach oben zu geben. In welchen Bereichen war Ihre Punktanzahl besonders hoch? Sehen Sie noch Möglichkeiten der Reduktion, vielleicht sogar mit positiven Nebenwirkungen?

101 – 140 PUNKTE:

Sie sind bereits ein echtes Klimaschutzvorbild. Würden sich alle Menschen so verhalten, müssten nur noch Industrie und Politik ihre Hausaufgaben machen und der Klimawandel wäre gestoppt!

100 PUNKTE ODER WENIGER:

Besser geht's nicht! Sie verursachen so wenig Treibhausgase, dass sich eine andere Person sogar etwas überdurchschnittlich verhalten darf. Vorausgesetzt natürlich, wir schaffen die Wende auch in der Wirtschaft und bei der Energieversorgung. An Ihnen liegt's jedenfalls nicht, machen Sie so weiter, seien Sie Vorbild und genießen Sie Ihr Leben!

Grafische Einordnung

–	**+|–**	**+**
Sehr niedrige CO_2-Emission	Durchschnitt	Sehr hohe CO_2-Emission

| 100 | 150 | 200 | 250 | 300 | 350 | 400 |

Anna, Bernhard und Christina: die Ergebnisse

Man kann auf sehr unterschiedliche Art und Weise zum Ziel kommen: Für jeden von unseren Mustermenschen gibt es zwei, drei Bereiche, die nicht im Fokus seiner Bemühungen stehen – hier nehmen die Emissionen ein durchschnittliches Ausmaß an, im Fall von Christinas Flugverhalten sogar überdurchschnittlich. Dennoch bereitet es den dreien keine große Mühe, die Emissionen (exklusive öffentlicher Bereich) von zehn auf sechs Tonnen zu reduzieren. Betrachtet man die Auswertungen im Detail, fällt auf, dass es – mit einer Ausnahme – keine Überschreitungen der Durchschnittswerte gibt. Das stellt die eine Hälfte des Erfolgsrezeptes dar: Durchschnittswerte heißen darum so, weil sie in der Realität sowohl unter- als auch überschritten werden. Alle Bemühungen in einzelnen Bereichen sind vergebens, wenn in anderen Bereichen über die Stränge geschlagen wird. Das Betrachten aller Lebensbereiche und das Bemühen, möglichst in keinem Bereich überdurchschnittlich viel zu emittieren, ist deswegen schon die halbe Miete.

Natürlich genügt es aber auch nicht, nur einen Schwerpunkt zu setzen. Die Reduktionsmöglichkeiten eines einzelnen Bereiches sind einfach nicht groß genug, als dass man beispielsweise als Passivhausbewohner, der sich durchschnittlich ernährt, durchschnittlich konsumiert, fliegt, Auto fährt und Urlaub macht, einen ausreichenden Beitrag zum Klimaschutz leisten kann. Viel zu oft wird dann diese eine Reduktion durch ungünstiges Verhalten in anderen Bereichen sogar überkompensiert. Vielleicht, weil man den Fokus auf diesen einen Bereich legt und sich selbst das Gefühl gibt, »eh schon so viel zu tun«. Deswegen ist der Blick aufs Ganze so wichtig. Denn es finden sich immer einige Bereiche, wo die Reduktion leichtfällt – eben ganz nach persönlicher Vorliebe!

ANNA

Gesamte CO_2-Emission im Überblick

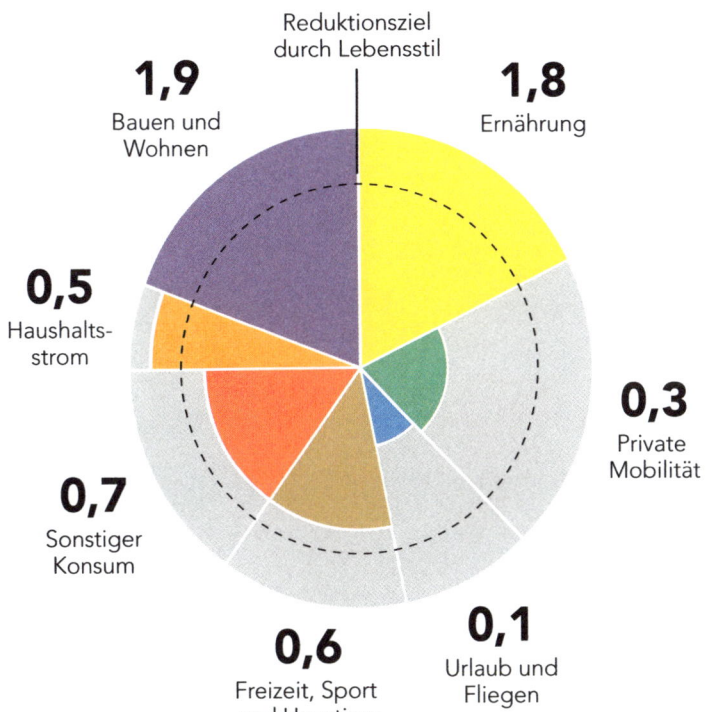

Reduktionsziel durch Lebensstil

1,9
Bauen und Wohnen

1,8
Ernährung

0,5
Haushaltsstrom

0,3
Private Mobilität

0,7
Sonstiger Konsum

0,6
Freizeit, Sport und Haustiere

0,1
Urlaub und Fliegen

BERNHARD
Gesamte CO_2-Emission im Überblick

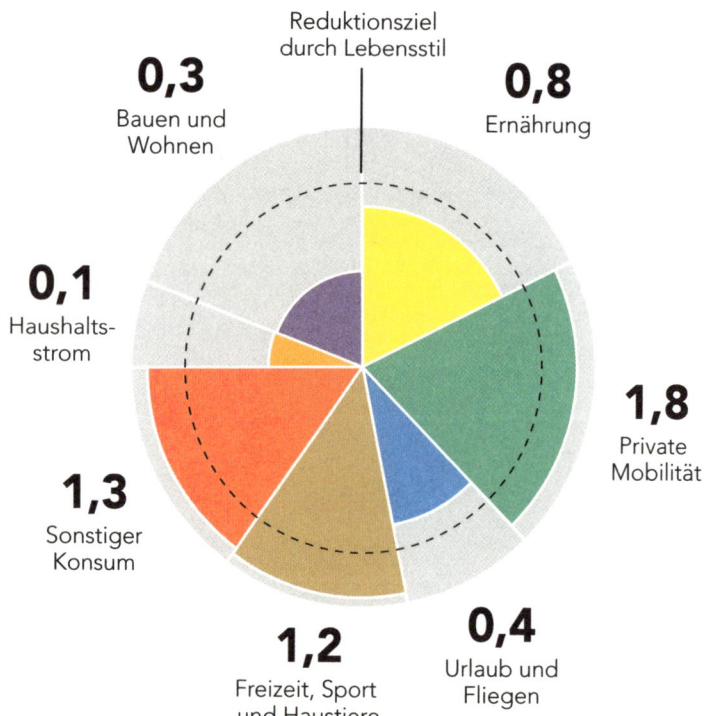

0,3 Bauen und Wohnen

Reduktionsziel durch Lebensstil

0,8 Ernährung

0,1 Haushalts- strom

1,8 Private Mobilität

1,3 Sonstiger Konsum

1,2 Freizeit, Sport und Haustiere

0,4 Urlaub und Fliegen

CHRISTINA
Gesamte CO$_2$-Emission im Überblick

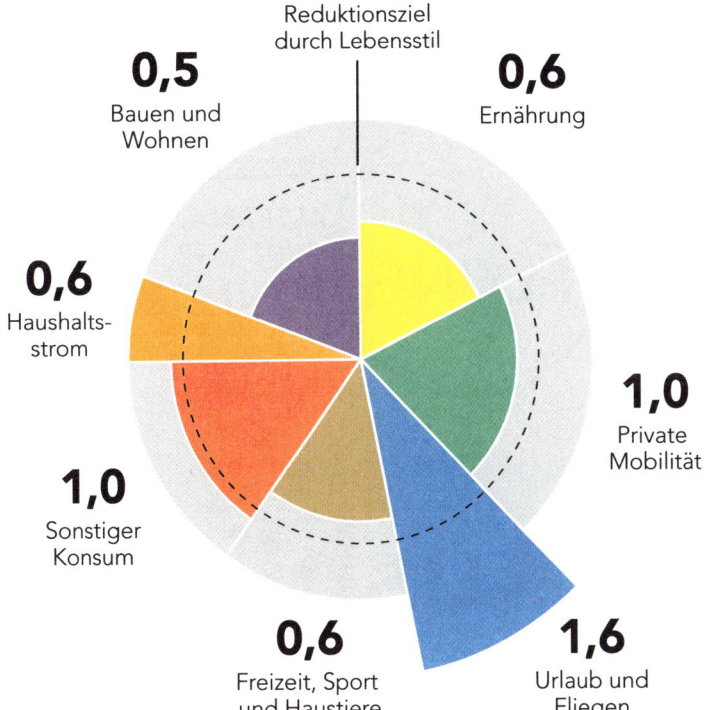

Reduktionsziel
durch Lebensstil

0,5
Bauen und
Wohnen

0,6
Ernährung

0,6
Haushalts-
strom

1,0
Private
Mobilität

1,0
Sonstiger
Konsum

0,6
Freizeit, Sport
und Haustiere

1,6
Urlaub und
Fliegen

NACHHALTIG LEBEN

CO₂-NEUTRALE MOBILITÄT

KEINE KOHLE

SAVE THE BEES

KONSUM REDUZIEREN

STOP FLYING

ALTERNATIVE WOHN-FORMEN

Ausblick

Ausblick

Den Klimawandel gemeinsam stoppen

Das Verhalten jedes Einzelnen bietet bereits ein riesiges Potenzial zur Verringerung der CO_2-Emissionen. Noch ohne jeglichen (weiteren) Ausbau erneuerbarer Energien, noch ohne Erhöhung der Effizienz in der Industrie, noch ohne Ökologisierung der Landwirtschaft könnte man den CO_2-Ausstoß um fast zwei Drittel senken – oder ihn bei sehr verschwenderischem Lebensstil auch mehr als verdoppeln.

Gute Nachrichten

Eine Radikalkur, die von uns allen verlangt, in allen Bereichen mit dem Minimum auszukommen, ist aber weder erforderlich noch durchsetzbar. Es genügt, wenn die durchschnittliche CO_2-Emission so abgesenkt wird, wie es Anna, Bernhard oder Christina vorzeigen (*siehe Seite 186-189*). Für den Rest dürfen wir die technischen Errungenschaften unserer Zeit bemühen: Die erforderlichen Energieeffizienzmaßnahmen sind mit vertretbarem Aufwand, der noch erforderliche Ausbau der erneuerbaren Energien ist mit Akzeptanz der Bevölkerung umsetzbar. Bei gleichbleibendem oder sogar noch aufwendigerem Lebensstil scheint dies hingegen undenkbar.

Was zeigt denn nun diese Analyse? Zunächst wird klar, dass es um viel mehr geht, als Gebäude gut zu dämmen und Fahrzeuge mit elektrischen Antrieben auszustatten. Diese beiden Themen stehen oft im Fokus der Diskussion, stellen zusammen aber nur rund ein Viertel der Emissionen. Vielmehr liegt eine Vielzahl von Bereichen vor, die allesamt beachtliche Einsparungen ermöglichen. Wer beispielsweise regelmäßig fliegt, findet hier einen großen Hebel. Ernährung und Privater Verkehr bieten große Potenziale, aber auch in den restlichen Bereichen kann man alleine durch private Entscheidungen insgesamt noch fünf Tonnen gutmachen. Ganz nach persönlicher Vorliebe!

Ich persönlich liege momentan – gemäß der hier angewandten Betrachtungsweise – bei knapp 6 Tonnen. Ich fühle mich dabei recht wohl, halte mich für gesund. Was ich schätze: gutes Essen, guten Wein, viel Bewegung, viel Zeit im Freien, Wandern, Skifahren, Reisen. Musik machen und Schach spielen. Barfuß gehen. Eine kostbare Beziehung zu meiner großen Liebe, das Glück, Kinder zu haben. Gute Freunde. Worauf ich oft verzichten kann: immer online zu sein, zu viele soziale Kontakte, shoppen, fliegen. Worauf ich kaum verzichten kann: Kaffee, Berge. Anerkennung. Liebe. Woran ich arbeiten möchte: das Leben noch mehr zu genießen. Nicht im hedonistischen Sinn. Einfach gut finden, was da ist. Lust haben auf das, was zu tun ist. Mich meiner Gesundheit erfreuen, bewusst essen, mich mit Freude bewegen, mit Hingabe arbeiten. Lustvoll die Welt retten, sozusagen.

Darüber hinaus wird sichtbar, dass Klimaschutz nicht mit Einzelmaßnahmen betrieben werden kann. Zu viele Bereiche unseres Lebens sind davon betroffen. Die breite Durchsetzung klimaverträglicher Lebensstile wird deshalb nicht ohne Konsequenz auf das gesamte gesellschaftliche Leben bleiben. Auch unsere Wirtschaft wird sich verändern: Sie wird wieder regionaler werden, der globale Güterstrom wird abnehmen, das Handwerk wird wieder an Bedeutung gewinnen.

Wer ist zuständig?

Nach den Fragen, welche Strategien zielführend und welche Maßnahmen bei der Umsetzung hilfreich sind, bleibt noch zu klären, wer dafür verantwortlich sein soll. Wer leitet einen solchen gesellschaftlichen Wandel ein, wer trägt ihn? Meist wird die Politik in der Verantwortung gesehen, und damit ist in der Regel der Staat oder die Europäische Union und nicht etwa der Gemeinderat gemeint. Doch gerade bei den kommunalen und regionalen Gremien ist der direkte Draht zur Bevölkerung zu finden; politische Verantwortung hat hier noch mit Verantwortung für Menschen zu tun. Berufspolitiker arbeiten mit ehrenamtlichen Gemeindevertretern auf Augenhöhe zusammen; das Geflecht persönlicher Kommunikation reicht bis zum unpolitischen Bürger.

Den (inter)nationalen Parlamenten obliegt es zwar, die Rahmenbedingungen für eine gesellschaftliche Veränderung von gigantischem Ausmaß zu gestalten; die alleinige Verantwortung kann dort aber nicht verankert werden. Auch wenn sich die internationale Staatengemeinschaft im Rahmen der Klimakonferenzen auf Ziele geeinigt und die Umsetzung von erforderlichen Maßnahmen verbindlich vereinbart hat – es ist den Regierungen schlicht und einfach nicht möglich, eine klimaverträgliche Politik gegen den Willen der Bevölkerung durchzusetzen. Ein ausreichend großer Teil der Wählerschaft muss die notwendigen Entscheidungen akzeptieren und im Idealfall sogar fordern.

Einzelne Maßnahmen könnte man bewerben: Plattformen gründen, Petitionen initiieren, Volksbefragungen erwirken. Der bevorstehende gesellschaftliche Wandel ist aber kein Paket von Einzelmaßnahmen. Er kann nur stattfinden, wenn die Veränderung bei den Menschen stattfindet, wenn vorherrschende Werteskalen hinterfragt, alte Ideale ersetzt werden, sich das Verhalten verändert. Das Gute: Dieser Prozess ist schon längst im Gange – nur noch nicht für alle sichtbar.

Der Seerosenteich

Es ist wie beim Mathematikbeispiel von der Seerose, die sich täglich verdoppelt: Ein paar einzelne Seerosen sieht man im großen Teich nicht; selbst die Verdoppelung wird am Anfang nicht wahrgenommen. Es dauert viele Wochen, bis man einen größeren Fleck erkennt, ein paar Tage später ist aber schon ein Viertel des Teichs mit Seerosen bedeckt. Und zwei Tage später ist der Teich voll. Auch wenn sich die gesellschaftliche Veränderung nicht linear, sondern in mehr oder weniger großen Schüben vollzieht – sie entsteht langsam und unbemerkt. Wenn sie für alle sichtbar wird, ist sie bereits nicht mehr aufzuhalten.

Der Gedanke, dass das Verhalten des Einzelnen auf unserer Erde mit ihren 7,5 Milliarden Menschen tatsächlich eine Rolle spielen soll, scheint manchmal absurd, manchmal faszinierend. Doch die Geschichte lehrt, dass gesellschaftlicher Wandel, große Transformationen nie anders stattfanden: Im Zuge der neolithischen Revolution begann der Mensch, Ackerbau und Viehzucht zu betreiben, er wurde sesshaft. Diese Entwicklung ging aber nicht von einem zentralen Ort aus, um sich dann auszubreiten. Auf Teilen der ganzen Welt begannen Menschengruppen, systematisch Landbau zu betreiben – räumlich und zeitlich voneinander unabhängig.

Die industrielle Revolution fand zwar zunächst nur auf der britischen Insel, dort aber regional an vielen verschiedenen Orten und ebenfalls teilweise unabhängig voneinander statt. Die Ausbreitung auf die ganze Welt war keineswegs von einer strukturierten Planung gekennzeichnet, vielmehr fand dieser Übergang von der Agrar- zur Industriegesellschaft mit all ihren tief greifenden Veränderungen einfach statt, auf den verschiedenen Erdteilen, zu verschiedenen Zeiten.

Oder die Abschaffung der Sklaverei – sie wurde nicht von der UNO beschlossen. In Nordamerika, in einzelnen europäischen Ländern und auch in den Kolonien veränderten sich die Wertvorstellungen der Bürger im Lauf einiger weniger Jahrzehnte grundlegend. Beeinflusst vom Geist der Aufklärung wurde die Sklaverei mehr und mehr als unmoralisch empfunden (was zuvor nicht der Fall war). Die Abschaffung der Sklaverei gelang, weil einzelne Menschen auf der ganzen Welt ihre Moralvorstellungen veränderten, gesellschaftliche Missstände erkannten und bereit waren, diese zu bekämpfen. Das macht es leicht, sich auf seine eigene Welt zu konzentrieren: Nur hier kann Veränderung stattfinden.

Mahatma Gandhi hinterließ uns den schönen Ratschlag: »Sei Du selbst die Veränderung, die Du Dir wünschst für diese Welt.« Auf internationalen Gleichklang zu warten hilft ebenso wenig wie zu bejammern, dass die Chinesen oder Amerikaner (oder wer auch immer) doch die größten Umweltsünder seien. Auch dort leben einzelne Menschen, und die verändern zur Stunde die Welt!

Es gibt Menschen, die mehr zum Wandel beitragen können als andere. Politiker, Unternehmer und andere Personen von öffentlichem Interesse. Die noch größere Wirkung erzeugt aber die Gruppe der Einzelnen: Man kann sich engagieren, beruflich, ehrenamtlich oder politisch. Man kann auch einfach nur Teil der Veränderung sein; scheinbar unbemerkt. Wächst diese Gruppe an, wird irgendwann die kritische Masse erreicht: Der Anteil der Vorreiter wird so groß, dass sich die Mehrheit mitziehen lässt. Der Wertewandel etabliert sich und bewirkt zweierlei: Die Veränderung der politischen Rahmenbedingungen gewinnt an Akzeptanz und der klimaverträgliche Lebensstil wird angesehen.

196
—

Klimapolitik im eigenen Umfeld

Zur Erinnerung: Die Hälfte der zu reduzierenden Emissionen kann direkt vom Einzelnen beeinflusst werden. Durch den Lebensstil, aber auch durch private Entscheidungen im Bereich der Effizienz und der Erneuerbaren. Kleinzellige Strukturen bieten die besten Voraussetzungen für unterstützende Maßnahmen. In den Gemeinden und Regionen, in Bezirken und Stadtvierteln kann eine Umgebung geschaffen werden, die den gesellschaftlichen Wandel fördert und ermöglicht.

Je mehr die Menschen eingebunden werden, umso schneller kann Veränderung stattfinden: Partizipative Prozesse verbinden die nur scheinbar ohnmächtigen BürgerInnen mit den formalen Entscheidungsträgern. Politik wird wieder zu dem, was es im Ursprung war: Engagierte Menschen beschäftigen sich mit Fragestellungen des Gemeinwesens und setzen sich für die Verbesserung des gesellschaftlichen Lebens ein. Privat, ehrenamtlich, beruflich; die Kategorien sind nicht entscheidend.

Der Wandel beginnt, hat schon begonnen, an einzelnen Orten dieser Welt, unabhängig voneinander. Eine Vernetzung kann hier und dort stattfinden, ist aber nicht Voraussetzung. Zahlreiche positive Beispiele auf der ganzen Welt belegen dies. Leider aber wecken diese Good News deutlich weniger Interesse als Klima- und andere Katastrophen. Doch immer mehr Menschen nehmen die Bedrohung durch den Klimawandel ernst, sehen gleichzeitig aber auch eine Chance, die unselige Wachstumsspirale zu durchbrechen und dem Hamsterrad zu entfliehen. Kleine und große Initiativen für eine nachhaltigere Gesellschaft entstehen und wirken – lokal und regional. Die technisch basierten Umsetzungen der beschriebenen Strategien werden fast von selbst erfolgen, wenn die notwendigen, in sich wirtschaftlichen Lenkungsmaßnahmen greifen. Investitionen in Effizienz und erneuerbare Energien werden noch viel wirtschaftlicher sein als heute. Ein Beispiel: Jeder Energieversorger wird jene Kraftwerke abstellen, die nicht mehr rentabel sind, und jenen Strom verkaufen, der vom Markt nachgefragt wird. Jedes Industrieunternehmen wird sämtliche Effizienzpotenziale nutzen, wenn sie sich wirtschaftlich geradezu aufdrängen.

Was sich nicht von selbst verändert, ist der Lebensstil. Es wird nur einem kleinen Teil der Bevölkerung gelingen, aus Vernunft und Überzeugung seinen Lebensstil zu verändern – viele andere Menschen werden Hilfestellung benötigen. Zum einen in Form von veränderten Mechanismen, die den Menschen die Umstellung erleichtern: Das Regelwerk unserer Gesellschaft, Gesetzgebung und Steuerpolitik, muss so angepasst werden, dass ressourcen- und klimaschonendes Verhalten belohnt und nicht bestraft wird. Arbeit muss steuerlich entlastet werden, damit manuelles Arbeiten preiswerter wird.

Gleichzeitig muss besteuert werden, was reduziert werden soll: CO_2-Emissionen und alle Verbräuche von Ressourcen, die für uns alle verfügbar sein sollten: Rohstoffe, Wasser, Wälder, Grund und Boden. Wird die Steuerlast in den nächsten Jahren sukzessive und weitestgehend von Arbeit auf Ressourcen verlagert, stellen sich die Fragen von Vernunft und Weitsicht vielleicht gar nicht mehr: Tomaten aus dem beheizten Treibhaus werden teurer, saisonales Gemüse vom Biobauern billiger. Frischer Meeresfisch aus dem Pazifik wird teurer, regionale Forellen werden billiger. Fleisch aus ressourcenintensiver Massentierhaltung wird teurer, Biofleisch wird billiger. Aludosen und Einwegverpackungen werden teurer, Pfandflaschen und -gläser lohnen sich wieder. Autofahren mit Benzin und Diesel wird teurer, die Fahrt mit dem Elektrotaxi wird billiger. Energieintensive industrielle Produktion wird teurer, Handwerk wird billiger. Neuprodukte werden teurer, Reparieren wird billiger. Fliegen wird teurer. Bauen und Wohnen wird billiger. Energetische Sanierungen lohnen sich. Effizienzmaßnahmen werden noch wirtschaftlicher.

Werden Sie Teil der Avantgarde

Zum anderen braucht es aber auch ein Umfeld, das die Veränderung mitträgt. Vorbilder, die von den Vorzügen des neuen Lebensstils berichten können, eine Umgebung, die Veränderungen sichtbar macht und zur Normalität werden lässt. Werden Sie zu einem solchen Vorbild. Seien Sie stolz auf Ihr Leben, erzählen Sie Ihren Freunden und bei der Arbeit davon. Solidarisieren Sie sich mit jenen, die für den Klimaschutz auf die Straße gehen. Fordern Sie, was notwendig ist, unterstützen Sie alles, was dem Klimaschutz dient. Seien Sie Teil der Bewegung. Seien Sie Teil der Veränderung, prägen Sie die neue Normalität.

Nachwort

Bregenz, 27. Juni 2019, 08:45. Ein erträglicher Morgen an einem der unerträglich heißen Tage dieser Hitzewelle. Ich gönne mir einen verspäteten Arbeitsbeginn und ein Frühstück im Freien. Ich kam erst nach Mitternacht von einem langen Tag aus Innsbruck zurück. Am Vormittag Workshop im Rahmen eines Forschungsprojekts – schlanke, effiziente Technik für Sanierungen von Wohngebäuden im großen Stil. Nachmittag Treffen mit dem Regionalsprecher von den Scientists for future. Der Weg von der einen zur anderen Universität ist bei 35°C schon eine Tortur.

Dann suchte ich mir einen Arbeitsplatz in der Bibliothek – letzte Korrekturen und Freigabe der Illustrationen für dieses Buch. War eine tolle Zusammenarbeit mit Lisa Borgenheimer. Bestechend, wie sie die unterschiedlichsten Inhalte in eine klare, homogene Bildsprache übersetzte. Abends dann eine Ringvorlesung. Thema: Klimawandel. Zu der Zeit waren es bereits 37°C; vielleicht kamen aus diesem Grund so wenige Zuhörer.

Im Zug nach Hause dann noch letzte Infos an Petra Bradatsch, die das ganze Buchprojekt gemanagt hat. Erinnere mich noch, wie sie mich im Sommer 2018 (es war auch heiß) angerufen und nach meinem Interesse für dieses Buch gefragt hat. Knapp ein Jahr später geht es in Druck. Eine gute Zeit und eine sehr gute Zusammenarbeit; danke.

Jetzt – ich steige kurz nach Mitternacht in Bregenz aus dem Zug – zeigt das Thermometer immer noch 27°C. Es will nicht abkühlen. In vielen Regionen Europas werden in diesen Tagen gerade neue Temperaturrekorde aufgestellt. In Frankreich spricht man schon von der 45°-Marke. Man spürt den Klimawandel, er schafft ein gewisses Unbehagen.

Und nun also ein weiteres Buch zu diesem Thema. Es wurde doch schon so viel geschrieben. Geforscht, publiziert, gelehrt. Vielleicht kann man ja nicht genug darüber schreiben, nicht genug darüber sprechen. Vielleicht hilft jeder Beitrag, sei er noch so klein, die globale Erwärmung etwas früher zu stoppen.

Bis die notwendigen Strategien im Detail geschrieben sind und die gefassten Maßnahmen Wirkung zeigen, bis der Wandel in der Masse der Bevölkerung angekommen ist, wird es wohl noch ein bisschen dauern. Dementsprechend wird es wohl auch noch heißere Sommer geben. Hoffentlich verkraften wir das. Im Einzelnen, aber auch gesellschaftlich.

Also, an die Arbeit. Der Kaffee war herrlich, die Luft noch lau, draußen im Garten. Die Amseln gaben ein Konzert. Viel mehr brauch ich nicht.

Glossar

Berufsverkehr:
Die Fahrt zwischen Wohnort und Arbeitsstätte.

Biomasse:
Tierische und pflanzliche Erzeugnisse, deren Energieinhalt in Wärme, elektrische Energie oder Bewegungsenergie umgewandelt werden kann. Sie kann in fester, gasförmiger und flüssiger Form vorliegen. Beispiele: Holz, Holzpellets, Hackschnitzel, Stroh, Getreide, Biogas.

Brennstoffzelle:
Apparatur zur chemischen Umwandlung von der Energie eines Brennstoffs (häufig Wasserstoff) in elektrische Energie.

Bruttoinlandsprodukt (BIP):
Gesamtwert aller im Lauf eines Jahres im Inland hergestellten Endprodukte, in Form von Waren und Dienstleistungen. Der Wert ergibt sich aus der Summe von privaten und staatlichen Konsumausgaben, den Bruttoinvestitionen sowie dem Export-Import-Saldo.

Elektrolyse:
Chemische Umwandlung von elektrischer Energie in die Energie eines Stoffes (in der Energietechnik häufig Wasserstoff).

Endenergie:
Energie, die beim Verbraucher ankommt und im Gebäude ihrer Nutzung zugeführt wird. Die Menge an zur Verfügung stehenden Endenergie ist geringer als die eingesetzte Primärenergie, weil beispielsweise die Stromerzeugung verlustbehaftet ist.

Energiepflanzen:
Pflanzen, die speziell für die energetische Nutzung angebaut werden.

Externalisierte Kosten:
Auf die Gemeinschaft abgewälzte Kosten, die durch privaten Konsum – z.B. von staatlich subventionierten Gütern – entstanden sind.

Fernwärme:
Zentrale Wärmeversorgung einer größeren Menge von Abnehmern. Als Wärmelieferanten treten etwa Industriebetriebe, Müllverbrennungsanlagen und Biomasseheizwerke auf. Der Energietransport erfolgt in einem wärmegedämmten, meist unterirdischen Rohrleitungssystem.

Flexitarier:
Mensch, der den Konsum von Fisch und Fleisch stark einschränkt, aber nicht gänzlich darauf verzichtet.

Geschäftlicher Verkehr:
Reisen, die im Rahmen einer geschäftlichen Tätigkeit unternommen werden.

Heizenergiebedarf:
Energiebedarf für die Beheizung eines Gebäudes, unter Berücksichtigung des Anlagenwirkungsgrades.

Heizwärmebedarf:
Bedarf an Wärmeenergie für die Beheizung eines Gebäudes.

Jahresarbeitszahl (JAZ):
Das Verhältnis von der im Lauf eines Jahres erzeugten Wärmeenergie zur eingesetzten elektrischen Energie.

Kaverne:
Natürlicher oder künstlich geschaffener, unterirdischer Hohlraum, in dem flüssige oder gasförmige Stoffe gelagert werden können.

Klimafarming:
Landwirtschaftliches Konzept, das mithilfe von Biokohle Humusaufbau und Bodensanierung betreibt und gleichzeitig Kohlenstoff bindet, um die CO_2-Emission in die Atmosphäre zu reduzieren.

Komfortlüftung:
Mechanisches System zur Be- und Entlüftung von Wohngebäuden, in der Regel mit hocheffizienter Wärmerückgewinnung ausgestattet.

Konviviale Technologien:
Vom Philosophen Ivan Illich geprägter Begriff. Er beschreibt technische Hilfsmittel, welche die menschliche Arbeitskraft nicht ersetzen, sondern nur unterstützen.

Kraft-Wärme-Kopplung:
Die Energie eines Brennstoffs wird sowohl in Bewegungsenergie (meist zur Erzeugung von elektrischem Strom) als auch in Wärmeenergie umgewandelt.

Offshore (Windenergie):
auf dem Meer

Onshore (Windenergie):
auf dem Land

Power-to-Gas:
Gewinnung eines Brennstoffs (Wasserstoff, Methan) mittels elektrischer Energie aus erneuerbaren Quellen.

Power-to-Liquid:
wie Power-to-Gas, mit nachfolgender Verflüssigung.

Primärenergie:

Energie in der ersten Form der Umwandlungskette, zum Beispiel Erdöl, Erdgas und Kohle, aber auch Biomasse, Sonnen- oder Windenergie.

Prozesswärme:

Wärme, die nicht für Heizzwecke, sondern für technische Prozesse benötigt wird. In der Industrie (z.B. Schmelzen), in der Landwirtschaft (z.B. Trocknen), aber auch beispielsweise in Beherbergungsbetrieben (Waschen).

Pyrolyse:

Die thermische Spaltung chemischer Verbindungen. Durch hohe Temperaturen wird ein Bindungsbruch von großen Molekülen in kleinere erzwungen.

Smart Grid (auch Intelligentes Stromnetz):

Stromerzeuger kommunizieren digital mit Energiespeichern und Stromverbrauchern.

Stromgestehungskosten:

Kosten, die für die Energieumwandlung einer anderen Energieform in elektrischen Strom anfallen.

Treibhausgase:

Gase, die zum Treibhauseffekt und somit zur globalen Erwärmung beitragen. Anthropogene, also Treibhausgase menschlichen Ursprungs sind vor allem Kohlendioxid (CO_2), Methan (CH_4), Lachgas (N_2O), sowie Fluorkohlenwasserstoffe, Schwefelhexafluorid (SF_6) und Stickstofftrifluorid (NF3).

Weltklimarat (IPCC):

„Intergovernmental Panel on Climate Change" / "Zwischenstaatlicher Ausschuss für Klimaänderungen", wurde 1988 als wissenschaftliches Gremium ins Leben gerufen und ist eine Institution der UN.

Bücher und Links

Rosa Wolf,
Arm aber Bio!,
München 2010

Serge Latouche,
Es reicht!,
München 2015

Barbara Nothegger,
*Sieben Stock Dorf, Wohnexperimente
für eine bessere Zukunft*,
Wien 2017

Helga Kromp-Kolb, Herbert Formayer,
*+2 Grad, Warum wir uns für die Rettung
der Welt erwärmen sollten*,
Wien 2018

Michael E. Mann, Tom Toles, in der
deutschen Übersetzung von Matthias
Hüttmann
Der Tollhauseffekt
Bergisch Gladbach, 2018

Interessante Links

www.eingutertag.org
www.klimaktiv.de
www.co2online.de
www.utopia.de

WEITERE BÜCHER
MIT GRÜNEN THEMEN

Impressum

© 2019 GRÄFE UND UNZER VERLAG
GmbH, München

Projektleitung: Petra Bradatsch
Lektorat: Janette Schroeder/
Petra Bradatsch
Korrektorat: Christian Wolf
Satz: Uhl + Massopust, Aalen
Herstellung: Petra Roth
Umschlaggestaltung und Layout:
Independent Medien-Design,
Horst Moser, München
Illustrationen: © Lisa Borgenheimer
Repro: Repro Ludwig, Zell am See
Druck und Bindung: dimograf

1. Auflage 2019
ISBN 978-3-8338-7109-2

Syndication: www.syndication.agency

LIEBE LESERINNEN UND LESER,
wir wollen Ihnen mit diesem Buch
Informationen und Anregungen geben,
um Ihnen das Leben zu erleichtern oder
Sie zu inspirieren, Neues auszuprobieren.
Wir achten bei der Erstellung unserer
Bücher auf Aktualität und stellen höchste
Ansprüche an Inhalt und Gestaltung. Alle
Anleitungen und Rezepte werden von un-
seren Autoren, jeweils Experten auf ihren
Gebieten, gewissenhaft erstellt und von
unseren Redakteuren/innen mit größter
Sorgfalt ausgewählt und geprüft.

Haben wir Ihre Erwartungen erfüllt? Sind
Sie mit diesem Buch und seinen Inhalten
zufrieden? Haben Sie weitere Fragen zu
diesem Thema? Wir freuen uns auf Ihre
Rückmeldung, auf Lob, Kritik und Anregungen, damit wir für Sie immer besser
werden können. Und wir freuen uns, wenn
Sie diesen Titel weiterempfehlen, in Ihrem
Freundeskreis oder bei Ihrem online-Kauf.

Sollten wir Ihre Erwartungen so gar nicht
erfüllt haben, tauschen wir Ihnen Ihr Buch
jederzeit gegen ein gleichwertiges zum
gleichen oder ähnlichen Thema um.

KONTAKT
GRÄFE UND UNZER VERLAG
Leserservice
Postfach 86 03 13
81630 München
E-Mail: leserservice@graefe-und-unzer.de

Telefon: 00800 / 72 37 33 33*
Telefax: 00800 / 50 12 05 44*
Mo–Do: 9.00–17.00 Uhr
Fr: 9.00–16.00 Uhr
(*gebührenfrei in D,A,CH)

Ein Unternehmen der
GANSKE VERLAGSGRUPPE

www.facebook.com/gu.verlag